广东省"十四五"职业教育规划教材

排污许可管理技术

主　编　朱圣洁
副主编　邓　康　黄　华
参　编　何秀玲　张玮莹　袁素芬　陈洲洋

机械工业出版社

排污许可管理主要是依据规范、指南、标准等对固定污染源的产污环节、污染物排放水平和日常环境等提出要求并进行管理，因此高素质的人才对排污许可制度的实施有重要意义。本书包括排污许可管理资料的收集、全国排污许可证管理信息平台的使用、家具企业排污许可的申报、电镀企业排污许可的申报和排污许可证后管理五个项目，提供了详细的操作步骤和真实的案例素材，既可用于排污许可管理人才的培养，也可作为排污许可管理工作的参考手册。通过本书的学习，读者可以掌握排污许可证申请表的填报、审核技能和证后管理技能，为排污许可制度的全面学习夯实基础。

本书可作为高职高专院校和应用型本科院校环境保护类专业的教材，也可作为生态环境管理部门、第三方环境服务公司的培训参考用书。

为方便教学，本书配有免费电子课件、微课视频、电子案例素材、模拟试卷及答案等，供教师参考。凡选用本书作为授课教材的教师，均可登录机械工业出版社教育服务网（www.cmpedu.com），注册并免费下载，或来电（010-88379564）索取。

图书在版编目（CIP）数据

排污许可管理技术/朱圣洁主编．—北京：机械工业出版社，2020.12
（2025.1重印）
ISBN 978-7-111-67059-9

Ⅰ.①排… Ⅱ.①朱… Ⅲ.①排污—环境保护法—中国 Ⅳ.①D922.683

中国版本图书馆 CIP 数据核字（2020）第 251476 号

机械工业出版社（北京市百万庄大街22号 邮政编码100037）
策划编辑：冯睿娟 责任编辑：冯睿娟 柳 瑛
责任校对：黄兴伟 封面设计：马精明
责任印制：邓 博
北京盛通数码印刷有限公司印刷
2025年1月第1版第6次印刷
184mm×260mm・9.5印张・232千字
标准书号：ISBN 978-7-111-67059-9
定价：39.00元

电话服务 网络服务
客服电话：010-88361066 机 工 官 网：www.cmpbook.com
　　　　　010-88379833 机 工 官 博：weibo.com/cmp1952
　　　　　010-68326294 金 书 网：www.golden-book.com
封底无防伪标均为盗版 机工教育服务网：www.cmpedu.com

前　　言

控制污染物排放许可制度，简称排污许可制度，是依法规范企事业单位排污行为的基础性环境管理制度。经改革后的排污许可制度在环境管理中的地位提升明显，是固定污染源实现"一证式"环境管理的核心制度。目前排污许可制度正加快落实步伐，排污许可管理人才培养也必须随之跟进。本书从排污许可管理所需的典型工作任务出发，设置五个项目，希望有助于高效培养掌握排污许可申报和证后管理能力的人才。

本书编写特色如下：

1. 从应用实践、教学实践出发。本书在应用实践和教学实践基础上整理而成，设置内容均为排污许可管理必学内容，且层层递进，符合认知规律。

2. 采用工作手册式编写思路，做中学、学中做。排污许可管理是依法依规开展的咨询、管理类活动，本书采用工作手册式编写思路，既有可供查找技术要点的资料，也有操作步骤指引和支撑练习的素材，方便读者做中学、学中做。

3. 选用真实案例。本书编写团队具有丰富的实践经验，选用真实案例改编为教学素材，内容丰富，贴近工作实践。

4. 突出典型工作任务。研究排污许可管理典型工作任务，将排污许可申请表的填写作为学习重难点，有效提高学习效率。

本书由朱圣洁担任主编，邓康、黄华担任副主编。参与编写的有何秀玲、张玮莹、袁素芬、陈洲洋。朱圣洁和张玮莹编写了项目2和项目3，邓康和黄华编写了项目1和项目5，何秀玲和袁素芬编写了项目4，陈洲洋制作了案例教学素材。全书由朱圣洁统稿。

排污许可制度目前仍在不断完善中，本书所描述的全国排污许可证管理信息平台、排污许可分类管理名录、排污许可证申请与核发技术规范、申报材料要求、排放标准要求等内容后续如有新版本、新要求，应以新版本、新要求为准，本书也将及时修订。

由于编者水平有限，书中难免有疏漏和不妥之处，敬请读者批评指正。

编　者

二维码清单

序号	名称	二维码	序号	名称	二维码
1	排污许可管理办法解读之认识新排污许可制度		10	固定污染源排污许可分类管理名录解读之条文解读（1~5条）	
2	排污许可管理办法解读之第一章总则		11	固定污染源排污许可分类管理名录解读之条文解读（6~10条）	
3	排污许可管理办法解读之第二章排污许可证内容		12	固定污染源排污许可分类管理名录解读之条文解读（备注内容）	
4	排污许可管理办法解读之第三章申请与核发		13	全国排污许可证管理信息平台之平台介绍	
5	排污许可管理办法解读之第四章实施与监管		14	全国排污许可证管理信息平台之账号注册	
6	排污许可管理办法解读之第五章变更、延续、撤销		15	全国排污许可证管理信息平台之功能介绍	
7	排污许可管理办法解读之第六、七章法律责任和附则		16	平台填写练习（排污单位基本情况）	
8	排污许可管理办法解读之总结		17	平台填写练习（主要产品及产能）	
9	固定污染源排污许可分类管理名录解读之出台背景		18	平台填写练习（主要原辅材料及燃料）	

(续)

序号	名称	二维码	序号	名称	二维码
19	平台填写练习（排污节点及污染治理设施）		22	平台填写练习（固体废物排放信息）	
20	平台填写练习（大气污染物排放信息）		23	平台填写练习（自行监测要求和环境管理台账记录要求）	
21	平台填写练习（水污染物排放信息）		24	平台填写练习（附件和提交）	

目　录

前　言
二维码清单

项目1　排污许可管理资料的收集 …… 1
任务1.1　理清排污许可工作流程 …… 2
1.1.1　解读排污许可管理办法 …… 2
1.1.2　理清工作流程 …… 4
任务1.2　使用分类管理名录 …… 5
1.2.1　解读分类管理名录 …… 6
1.2.2　分类管理名录使用练习 …… 10
任务1.3　使用技术规范 …… 12
1.3.1　使用技术规范总则 …… 12
1.3.2　选择适用技术规范 …… 17
任务1.4　收集排污许可申报资料 …… 31

项目2　全国排污许可证管理信息平台的使用 …… 34
任务2.1　注册用户账号 …… 35
2.1.1　进入注册页面 …… 35
2.1.2　填写注册信息 …… 36
2.1.3　进行注册练习 …… 39
任务2.2　使用登记管理申请模块 …… 45
2.2.1　使用排污许可证登记模块 …… 46
2.2.2　进行登记练习 …… 48
任务2.3　使用重点/简化管理申请模块 …… 53
2.3.1　使用排污许可证申请模块 …… 53
2.3.2　进行申请练习 …… 57

项目3　家具企业排污许可的申报 …… 76
任务3.1　收集家具企业排污许可申报材料 …… 77
3.1.1　排污单位提供资料 …… 77
3.1.2　申报人员收集资料 …… 82
任务3.2　填报家具企业排污许可申请表 …… 82
3.2.1　注册家具企业用户账号 …… 83
3.2.2　填写排污单位基本情况表 …… 83
3.2.3　填写排污单位登记信息表 …… 84
3.2.4　填写大气污染物排放表 …… 90
3.2.5　填写水污染物排放表 …… 104
3.2.6　填写噪声排放信息表 …… 105

3.2.7 填写固体废物排放信息表	106
3.2.8 填写环境管理要求表	106
3.2.9 填写增加的管理内容和改正信息表	110
3.2.10 上传附件	111

项目 4　电镀企业排污许可的申报 ……………………………………… 112

任务 4.1　填报电镀企业排污许可申请表 …………………………………… 113
4.1.1　排污单位提供资料 …………………………………………………… 113
4.1.2　申报人员填报申请表 ………………………………………………… 122

任务 4.2　审核电镀企业排污许可申请 ……………………………………… 125
4.2.1　明确审核内容 ………………………………………………………… 125
4.2.2　审核排污许可申请表 ………………………………………………… 127

项目 5　排污许可证后管理 ………………………………………………… 133

任务 5.1　自行监测 …………………………………………………………… 134
任务 5.2　环境管理台账记录 ………………………………………………… 139
任务 5.3　执行报告编写 ……………………………………………………… 141

参考文献 …………………………………………………………………… 144

项目1

排污许可管理资料的收集

导言：

排污许可制是我国主要的环境管理制度之一，它是控制污染物排放许可制的简称，工作中也常被简称为排污许可。排污许可制是依法规范企事业单位排污行为的基础性环境管理制度。生态环境部通过向企事业单位发放排污许可证并依证监管来实施排污许可制。排污许可制在我国的发展主要经历了两个阶段。

第一个阶段大致可认为是从20世纪80年代到2015年。1985年上海市率先在黄浦江上游地区开展排污许可制试点工作。1988年，原国家环境保护局制定和下发了《水污染物排放许可证管理暂行办法》，并下达了排污许可证试点工作通知。1989年，第三次全国环境保护会议上我国正式将排污许可制度确立为环境管理八项制度之一，并开始在全国范围内试行水污染物排放许可制，之后大气污染物排放许可制也推行了起来。排污许可制被不断完善，一些地区先于国家制定了排污许可管理条例，如2008年杭州市发布了《杭州市污染物排放许可管理条例》。至2015年，我国在排污许可管理上积累了较多的经验，排污许可制的实施对加强我国污染物总量控制、完善排污权交易机制、实现环境污染长效管理有重要意义。排污许可制在实施期间也产生了一些问题，主要有排污许可制定位不够明确，与其他环境管理制度之间联系不够紧密、排污单位的主体责任不突出、排污许可证功能单一、证后管理制度不完善等。

第二个阶段大致可认为是2015年至今。随着人民群众对生态环境关注度不断提高，我国环境管理面临新的要求，排污许可制也亟须改革。2015年由中央政治局会议审议通过的《生态文明体制改革总体方案》明确要求"完善污染物排放许可制。尽快在全国范围建立统一公平、覆盖所有固定污染源的企业排放许可制,依法核发排污许可证,排污者必须持证排污,禁止无证排污或不按许可证规定排污。"2016年,国务院发布《控制污染物排放许可制实施方案》,排污许可制改革全面启动。2017~2019年《排污许可管理办法(试行)》和《固定污染源排污许可分类管理名录》在短时间内经历制定、修订、重新发布后,排污许可制进入全面落实阶段。2021年,《排污许可管理条例》实施。在此期间一系列法规、政策、规范性文件、标准、技术规范、技术指南、平台等均同步实施制定、修订、试行或建设,体现了本次排污许可制改革准备充分、统筹有力、行动迅速。

经过改革后的排污许可制在环境管理中的地位提升明显,2018年《中共中央国务院关于全面加强生态环境保护坚决打好污染防治攻坚战的意见》中强调:2020年,将排污许可证制度建设成为固定源环境管理核心制度,实现"一证式"管理。想要顺利地开展排污许可工作,资料的收集、解读、运用是必不可少的技能。本项目为排污许可管理资料的收集,通过本项目的训练,从事排污许可申报工作的技术人员可掌握必要的工作资料收集能力和必需的依规工作能力,从而熟悉排污许可管理基本程序。

任务1.1 理清排污许可工作流程

任务目标

能够明确排污许可工作流程,熟悉排污许可工作内容。

任务分析

排污许可作为环境管理制度的一种,需按照规定程序和规定内容开展工作。因此首先应对关键文件进行学习,总体把握工作流程和工作内容,再通过后续任务的训练不断加深理解。

任务实施

学习《排污许可管理办法(试行)》和《排污许可管理条例》的重要条款和内容,总结和理清排污许可工作程序。

1.1.1 解读排污许可管理办法

《排污许可管理办法(试行)》(环境保护部令第48号)和《排污许可管理条例》(国务院令第736号)载明了排污许可管理的范围,需要开展的事项,排污许可申请和核发流程,企业和管理单位的工作内容、法律责任等,是从事排污许可的技术人员必须熟悉的文件。两个文件可以在官方网站上阅读或下载,其中需要掌握的重点内容归纳如下:

1)排污许可管理范围。纳入固定污染源排污许可分类管理名录的企业事业单位和其他生产经营者(以下简称排污单位)应当按照规定的时限申请并取得排污许可证;未纳入固定污染源排污许可分类管理名录的排污单位,暂不需申请排污许可证。

2)排污许可管理类别。排污许可分为重点管理、简化管理和登记管理(2019年版《固定污染源排污许可分类管理名录》中载明)三个类别,分别对应对污染物产生量、排放量或者对环境的影响程度较大、较小和很小的排污单位。类别的具体范围依照固定污染源排污许可分类管理名录规定执行。重点管理和简化管理需要申领排污许可证，登记管理不需申请排污许可证，但需登记获得回执。

3）按生产经营场所进行管理。一般一个生产经营场所申请一张排污许可证，由生产经营场所所在地生态环境主管部门核发。同一法人单位或者其他组织所属、位于不同生产经营场所的排污单位，应当以其所属的法人单位或者其他组织的名义为每个生产经营场所申请排污许可证。同一排污单位在同一场所从事本名录中两个以上行业生产经营的，申请一张排污许可证。

4）与其他环境管理制度的衔接。依据法律规定，生态环境主管部门对排污单位排放水污染物、大气污染物等各类污染物的排放行为实行综合许可管理。2015年1月1日及以后取得建设项目环境影响评价审批意见的排污单位，环境影响评价文件及审批意见中与污染物排放相关的主要内容应当纳入排污许可证。

5）生态环境部对排污许可实施统一管理。生态环境部对实施排污许可管理的排污单位及其生产设施、污染防治设施、排放口实行统一编码管理。排污许可证的申请、受理、审核、发放、变更、延续、注销、撤销、遗失补办和证后管理应当在由生态环境部建设和运营的全国排污许可证管理信息平台上进行。生态环境部制定排污许可证申请与核发技术规范、环境管理台账及排污许可证执行报告技术规范、排污单位自行监测技术指南、污染防治可行技术指南以及其他排污许可政策、标准和规范。

6）排污许可证由正本和副本构成。正本载明基本信息，副本包括基本信息、登记事项、许可事项、承诺书等内容。其中许可事项由核发生态环境主管部门审核或确定，主要内容有排放口位置和数量、污染物排放方式和排放去向等，具体包括：大气污染物无组织排放源的位置和数量，排放口和无组织排放源排放污染物的种类、许可排放浓度、许可排放量，取得排污许可证后应当遵守的环境管理要求，法律法规规定的其他许可事项。

7）排污单位应编制执行监测方案。排污单位在申请排污许可证时，应当按照自行监测技术指南，编制自行监测方案。自行监测方案应当包括以下内容：监测点位及示意图、监测指标、监测频次，使用的监测分析方法、采样方法，监测质量保证与质量控制要求，监测数据记录、整理、存档要求等。

8）排污单位向核发生态环境主管部门申请。排污单位应当在全国排污许可证管理信息平台上填报并提交排污许可证申请，同时向核发生态环境主管部门提交通过平台印制的书面申请材料。

9）核发生态环境主管部门对申请进行审核。核发生态环境部门收到排污单位提交的申请材料后，对材料的完整性、规范性进行审查，并决定无需办理、不属于本行政机关职权范围、不予核发、申请材料不齐全或者不符合规定、核发等事项。核发生态环境部门做出准予许可决定的，须向全国排污许可证管理信息平台提交审核结果，获取全国统一的排污许可证编码。

10）排污单位需做好证后管理。排污单位应当按照排污许可证规定，做好自行监测、台账记录、执行报告编制、信息公开等工作，并对其真实性、完整性负责，依法接受生态环境主管部门的监督检查。

11）生态环境主管部门需做好证后监管。生态环境主管部门应当制定执法计划，结合排污单位环境信用记录，确定执法监管重点和检查频次。检查重点为排污许可证规定的许可事项的实施情况，检查信息应记入全国排污许可证管理信息平台。生态环境主管部门可以通过政府购买服务的方式，组织或者委托技术机构提供排污许可管理的技术支持。

12）排污许可证的变更、延续、撤销、注销和补领。若排污许可证需要变更、延续和撤销，排污单位应提前向核发生态环境主管部门提出申请，核发生态环境主管部门应做好审查。违法违规取得排污许可证的可撤销。排污许可证发生遗失、损毁的，排污单位可申请补领。以上事项均应在全国排污许可证管理信息平台上发布对应信息。

13）法律责任。生态环境主管部门在排污许可证受理、核发及监管执法中有违法违规行为的应承担法律责任。同样，排污单位在排污许可证申请和证后管理中有违法违规行为的应承担法律责任。

14）排污单位承诺整改的可向其核发排污许可证。依照《排污许可管理办法（试行）》首次发放排污许可证时，对于在本办法实施前已经投产、运营的排污单位，且存在本办法第六十一条规定情形之一，排污单位承诺改正并提出改正方案的，环境保护主管部门可以向其核发排污许可证，并在排污许可证中记载其存在的问题，规定其承诺改正内容和承诺改正期限。

15）新老排污许可证的交替。对于本办法实施前依据地方性法规核发的排污许可证，尚在有效期内的，原核发生态环境部门应当在全国排污许可证管理信息平台上填报数据，获取排污许可证编码；已经到期的，排污单位应当按照本办法重新申请排污许可证。

1.1.2 理清工作流程

按照《排污许可管理办法（试行）》和《排污许可管理条件》梳理的排污许可管理流程如图 1-1 所示。这里将排污许可管理流程分为申请、受理、核发和证后管理四个阶段。排污许可管理主要通过全国排污许可管理信息平台实施。

1）申请。排污单位需通过最新版《固定污染源排污许可分类管理名录》判断本单位是否属于排污许可管理范围。目前最新版《固定污染源排污许可分类管理名录》为 2019 年版本。不属于其管理范围的，不需要实施排污许可管理；属于管理范围的，应按照目录指引确定管理类别。其中重点管理和简化管理需要申领排污许可证；登记管理不需要申领排污许可证，只需要登记信息获得登记回执。

2）受理。排污单位所对应的生态环境部门主管部门收到申请后，对申请材料的完整性、规范性进行审查，按照不同情形分别做处理。不需要申请排污许可证的，应当当场或者在五个工作日内告知排污单位不需要办理；不属于本行政机关职权范围的，应当当场或者在五个工作日内做出不予受理的决定，并告知排污单位向有核发权限的部门进行申请；申请材料不齐全或者不符合规定的，应当当场或者在五个工作日内出具告知单，告知排污单位需要补正的全部材料，可以当场更正的，应当允许排污单位当场更正；属于本行政机关职权范围，申请材料齐全、符合规定，或者排污单位按照要求提交全部补正申请材料的，应当予以受理。

3）核发。排污单位所对应的生态环境主管部门受理后，属于本行政机关职权范围，申请材料齐全、符合规定，或者排污单位按照要求提交全部补正申请材料的，应当对排污单位的申请材料进行审核，满足条件的应当核发排污许可证。排污单位位于法律法规所禁止建设区域内的，属于国务院经济综合宏观调控部门会同国务院有关部门发布的产业政策目录中明令淘汰或者立即淘汰的落后生产工艺装备、落后产品的，或者法律法规所不予许可的其他情形，不予核发排污许可证。

4）证后管理。排污许可证核发后，排污单位需按照排污许可证规定事项开展证后管理，生态环境主管部门需在职权范围内依法依规开展监管。

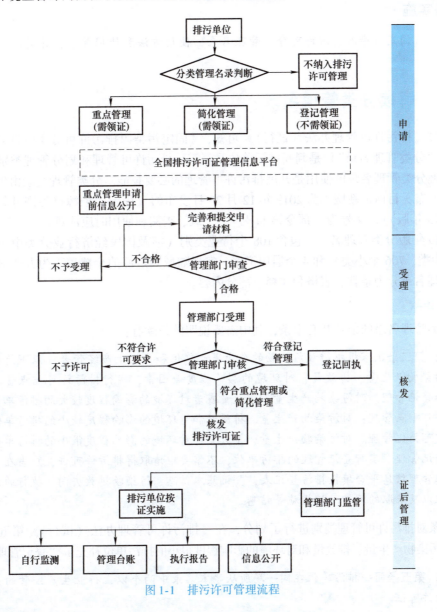

图1-1 排污许可管理流程

任务1.2　使用分类管理名录

任务目标

能够使用分类管理名录，正确判断排污单位的排污许可管理类别。

排污许可管理技术

> **任务分析**

正确判断排污单位的排污许可管理类别是开展排污许可工作的重要基础，管理类别分为重点管理、简化管理和登记管理，管理类别不同，管理要求也相对不一样。

> **任务实施**

学习《固定污染源排污许可分类管理名录》使用方法和使用要求，并通过真实案例强化练习。

1.2.1 解读分类管理名录

通过《排污许可管理办法（试行）》可知，《固定污染源排污许可分类管理名录》（以下简称"分类管理名录"）是判断排污单位是否需要排污许可管理和划分管理类别的关键文件。掌握分类管理名录的使用是开展排污许可管理的必要技能。分类管理名录由生态环境部制定与发布，目前最新版本为2019年12月20日发布的《固定污染源排污许可分类管理名录（2019年版）》，文号为"部令第11号"，下载、查阅和使用时应注意。

2019年版分类管理名录，包含108个行业类别（涉及国民经济行业分类中49个大类、212个中类、706个小类）和4个通用工序，实现陆域固定源的全覆盖。为方便学习这里将分类管理名录分为条款、表格和注释三部分内容。

1. 条款

分类管理名录的条款共有十条，其中需要说明的条款有：

> 1）**第二条** 国家根据排放污染物的企业事业单位和其他生产经营者（以下简称排污单位）污染物产生量、排放量、对环境的影响程度等因素，实行排污许可重点管理、简化管理和登记管理。对污染物产生量、排放量或者对环境的影响程度较大的排污单位，实行排污许可重点管理；对污染物产生量、排放量和对环境的影响程度较小的排污单位，实行排污许可简化管理。对污染物产生量、排放量和对环境的影响程度很小的排污单位，实行排污登记管理。实行登记管理的排污单位，不需要申请取得排污许可证，应当在全国排污许可证管理信息平台填报排污登记表，登记基本信息、污染物排放去向、执行的污染物排放标准以及采取的污染防治措施等信息。

本条对排污许可管理类别进行了划分，在《排污许可管理办法（试行）》第五条的基础上，对污染物产生量、排放量和对环境的影响程度很小的排污单位补充了"登记管理"类别。

> 2）**第五条** 同一排污单位在同一场所从事本名录中两个以上行业生产经营的，申请一张排污许可证。

本条指出同一排污单位在同一生产场所只可申请一张排污许可证，有不同行业的需填报在一张申请表中。如某排污单位在同一工厂既从事"纸和纸板容器制造"也从事"包装装潢及其他印刷"的，只申请一张排污许可证。

> 3）**第六条** 属于本名录第1至107类行业的排污单位，按照本名录第109至112类规定的锅炉、工业炉窑、表面处理、水处理等通用工序实施重点管理或者简化管理的，只需

对其涉及的通用工序申请取得排污许可证，不需要对其他生产设施和相应的排放口等申请取得排污许可证。

本条指出分类管理名录中有通用工序的概念，通用工序有锅炉、工业炉窑、表面处理、水处理四种。按照分类管理名录规定实施通用工序管理的，只需要对其涉及的通用工序申请取得排污许可证，其他部分实施登记管理或暂不纳入排污许可管理。如某"金属制日用品制造"排污单位有机加工、表面处理、包装等生产单元，只需对其表面处理单元（属于重点管理或简化管理的）申领排污许可证，其他生产单元实施登记管理。

4）第七条属于本名录第108类行业的排污单位，涉及本名录规定的通用工序重点管理、简化管理或者登记管理的，应当对其涉及的本名录第109至112类规定的锅炉、工业炉窑、表面处理、水处理等通用工序申请领取排污许可证或者填报排污登记表；有下列情形之一的，还应当对其生产设施和相应的排放口等申请取得重点管理排污许可证：

（一）被列入重点排污单位名录的；

（二）二氧化硫或者氮氧化物年排放量大于250吨的；

（三）烟粉尘年排放量大于500吨的；

（四）化学需氧量年排放量大于30吨，或者总氮年排放量大于10吨，或者总磷年排放量大于0.5吨的；

（五）氨氮、石油类和挥发酚合计年排放量大于30吨的；

（六）其他单项有毒有害大气、水污染物污染当量数大于3000的。污染当量数按照《中华人民共和国环境保护税法》的规定计算。

本条指出未包含在第1至107类行业的排污单位，应按照本名录第108类行业对排污单位的通用工序实施排污许可管理，属于重点排污单位的、污染物排放量大的或排放有毒有害污染物较多的排污单位需申请取得重点管理排污许可证。其中重点排污单位由生态环境主管部门确定，在地方生态环境主管部门的网站上可以查阅或下载，图1-2所示为广州市生态环境局公示的2018年和2019年重点排污单位名录。

5）第八条本名录未作规定的排污单位，确需纳入排污许可管理的，其排污许可管理类别由省级生态环境主管部门提出建议，报生态环境部确定。

本条指出不属于本名录规定范围内的确实需要纳入排污许可管理的排污单位，其管理类别可以由省级生态环境主管部门提出建议，最终报生态环境部进行确定。

2. 表格

表格是分类管理名录的主要部分，表格局部截图如图1-3所示，其中需要说明的事项有：

1）序号。分类管理名录中划分的行业序号，多个行业种类在排污许可管理要求上相似的，被划分到同一个序号，如"牲畜饲养031"和"家禽饲养032"被划分到序号1。其中序号108为"除1－107外的其他行业"，与分类管理名录的第七条对应；序号109～112为通用工序，与分类管理名录的第六条和类别划分中的通用工序配合使用。

2）通用工序。通用工序有锅炉、工业炉窑、表面处理、水处理四种，可见通用工序是不同行业的排污单位均有可能使用的且有明显污染物排放的单元。其中表面处理通用工序可

图1-2 广州市生态环境局公示的重点排污单位名录

以是涂装、电镀工序、酸洗、抛光（电解抛光和化学抛光）、热浸镀（溶剂法）、淬火或者钝化等；水处理通用工序不包括日处理能力500吨以下的水处理设施，也不包括序号99"污水处理及再生利用462"中的工业废水集中处理场所和城乡污水集中处理场所。

3）行业类别。分类管理名录的行业类别按照《国民经济行业分类》（GB/T 4754—2017）划分，包括行业名称和行业代码。行业代码结构图如图1-4所示，如门类代码"A"代表"农、林、牧、渔业"，大类代码"01"代表"农业"，中类代码"011"代表"谷物种植"，小类代码"0111"代表"稻谷种植"。"0111"中的后两位数字分别为中类顺序码和小类顺序码。分类管理名录未引用门类代码，只引用了大类代码、中类顺序码和小类顺序码，其中大类代码和中类顺序码用以划分"行业类别"，小类顺序码或中类顺序码用以划分部分行业的管理类别。

4）管理类别。如前文所述管理类别包括重点管理、简化管理和登记管理，划分依据可以是行业小类、工艺、产品、规模、通用工序等，"/"代表该行业无此管理类别。

3. 注释

分类管理名录的表格后共有5条注释，注释内容同样提供了重要信息，不可忽视。

1）注1：表格中标"*"号者，是指在工业建筑中生产的排污单位。工业建筑的定义参见《工程结构设计基本术语标准》（GB/T 50083—2014），是指提供生产用的各种建筑物，如车间、厂前区建筑、生活间、动力站、库房和运输设施等。

项目1 排污许可管理资料的收集

序号	行业类别	重点管理	简化管理	登记管理
一、畜牧业03				
1	牲畜饲养031，家禽饲养032	设有污水排放口的规模化畜禽养殖场、养殖小区(具体规模化标准按《畜禽规模养殖污染防治条例》执行)	/	无污水排放口的规模化畜禽养殖场、养殖小区，设有污水排放口的规模以下畜禽养殖场、养殖小区
2	其他畜牧业039	/	/	设有污水排放口的养殖场、养殖小区
二、煤炭开采和洗选业06				
3	烟煤和无烟煤开采洗选061，其他煤炭洗选062，褐煤开采洗选069	涉及通用工序重点管理的	涉及通用工序简化管理的	其他

注释说明：
- 分类管理名录划分的行业序号
- 管理类别按照行业类别、工艺、产品、规模、通用工序等划分为重点管理、简化管理和登记管理
- 行业中类代码
- 行业大类和代码

图 1-3 《固定污染源排污许可分类管理名录（2019年版）》表格局部

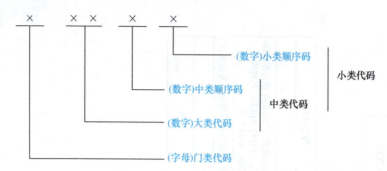

图1-4 《国民经济行业分类》（GB/T 4754—2017）的行业代码结构图

按照注1标"*"号行业需是在工业建筑中生产的排污单位才进行排污许可管理，如序号9"谷物磨制131"，若是在工业建筑中生产则执行登记管理，若是在非工业建筑（如食堂、住宅）中生产则不需要纳入排污许可管理。

2）注2：表格中涉及溶剂、涂料、油墨、胶粘剂等使用量的排污单位，其投运满三年的，使用量按照近三年年最大量确定；其投运满一年但不满三年的，使用量按投运期间年最大量确定；其未投运或者投运不满一年的，按照环境影响报告书（表）批准文件确定。投运日期为排污单位发生实际排污行为的日期。

注2主要对涉及挥发性有机物原辅材料的用量如何确定做出指引。

3）注3：根据《中华人民共和国环境保护税法实施条例》，城乡污水集中处理场所，是指为社会公众提供生活污水处理服务的场所，不包括为工业园区、开发区等工业聚集区域内的排污单位提供污水处理服务的场所，以及排污单位自建自用的污水处理场所。

注3主要对城乡污水集中处理场所如何判定做出指引。

4）注4：本名录中的电镀工序，是指电镀、化学镀、阳极氧化等生产工序。

注4说明了本名录中的电镀工序适用范围，更详细的电镀工序判断依据可参照《排污许可证申请与核发技术规范 电镀工业》（HJ 855—2017）。

5）注5：本名录不包括位于生态环境法律法规禁止建设区域内的，或生产设施或产品属于产业政策立即淘汰类的排污单位。

注5结合《排污许可管理办法（试行）》第二十八条，对位于禁止建设区域内的或立即淘汰类的排污单位实施一票否决，不予核发排污许可证。

1.2.2 分类管理名录使用练习

为熟练掌握《固定污染源排污许可分类管理名录（2019年版）》的使用，推荐按照表1-1进行管理类别确定练习。

表 1-1 管理类别确定练习表

序号	案例	行业类别与代码	是否需要申领排污许可证	管理类别（重点、简化、登记管理和"/"）
1	中电某热电有限公司燃煤发电厂	火力发电 4411	是	重点管理
2	广州市某火车站的 3000 平方米物流储运中转枢纽区	铁路货物运输 5320	否	/
3	新会区某纸品制造厂，年生产和印刷纸箱 30 万个，年使用水性油墨 0.12 吨	纸和纸板容器制造 2231，包装装潢及其他印刷 2319	是	简化管理
4	南海区某制冷设备厂，年组装冷柜 2500 台	制冷、空调设备制造 3464	否	登记管理
5	云浮市在珠江的西江支流建设泊位 800 吨的煤、水泥、沙石中转码头			
6	新兴县某企业集团在水台镇建设存栏量 35000 头的生猪养殖场，生产废水经处理达标后排入附近河流			
7	狮山镇某地建设利用铝锭压延加工生产日用铝合金制品的工厂，有轧制和退火工序			
8	鹤山市某铜业有限公司，使用铜锭、铜糠、锌等熔炼铜锌合金，年产 3 万吨			
9	江苏省某县级市废品回收站，回收废钢铁后出售给钢铁厂			
10	番禺区某汽车销售服务有限公司，营业面积 4500 平方米，主营汽车的清洗、保养与修理，年保养和修理汽车 2000 台			
11	某纸业有限公司，使用纸浆年产瓦楞纸板 2 万吨/年，企业有锅炉 2 台，除给本企业供热外，也出售供给临近企业			
12	顺德区某家具有限公司，年产沙发纺织面料 3000 套，不属于该市重点排污单位			
13	东莞市某金属制品企业，不属于该市重点排污单位，生产螺钉旋具、钢锯、扳手等手工工具，有电镀、酸洗等工序			
14	广东某实业有限公司，年产金属建筑装饰材料彩涂铝卷 260 万平方米、铝单板 35 万平方米，主要工艺有开料、机加工、焊接、酸洗、喷漆、烘干、包装等			
15	湖南某涂料有限公司，年混合分装溶剂型涂料 7000 吨，该企业配套建设有纸箱制造生产线 1 条，年产纸箱 100 万个，纸箱主要生产工艺为裁剪和钉箱			

任务 1.3 使用技术规范

任务目标

能够明确排污许可证申请依据排污许可证申请与核发技术规范开展工作，正确选取排污单位适用排污许可证申请与核发技术规范，熟悉技术规范规定内容，明确排污许可证申报涉及的具体事项。

任务分析

排污许可证申请与核发技术规范规定了开展排污许可证申请工作具体要实施的工作事项。不同行业适用不同的技术规范，技术规范内容具体而详尽，是排污单位实施排污许可管理时必须参考和执行的文件。

任务实施

学习《排污许可证申请与核发技术规范 总则》（HJ 942—2018），熟悉技术规范所规定的内容，明确排污许可证申报具体事项，掌握不同行业适用技术规范选择方法。

1.3.1 使用技术规范总则

明晰工作流程、明确管理类别后，需依规开展排污许可的申报、证后管理和监管工作，依规就是要按照管理部门发布的技术规范、标准、指南、导则等文件进行排污许可管理各事项，尽量使各事项有章可循、有据可依，使排污许可管理规范、统一、严肃。这里首先介绍《排污许可证申请与核发技术规范 总则》（HJ 942—2018），从总体上了解排污许可申请与核发所要掌握的技术要点，为排污许可管理各技能的学习和训练建立主线。

1. 适用范围

《排污许可证申请与核发技术规范 总则》（HJ 942—2018）适用于指导排污单位填报《排污许可证申请表》及网上填报相关申请信息，适用于指导核发生态环境部门审核确定排污单位排污许可证许可要求。

有行业排污许可证申请与核发技术规范的，执行行业技术规范，无行业技术规范的执行本规范；行业涉及通用工序的，执行通用工序排污许可证申请与核发技术规范。行业或通用工序排污许可证申请与核发技术规范的编制可参考本规范。

2. 排污单位基本情况填报要求

《排污许可证申请与核发技术规范 总则》（HJ 942—2018）规定了排污单位申领排污许可证时所需填报的基本情况，包括一般原则、基本信息、主要产品及产能、原辅材料及燃料、产排污环节、污染物及污染治理设施以及其他要求。其主要内容和填报要点总结如表 1-2 所示。

表 1-2　排污单位基本情况主要内容和填报要点

序号	主要项目		主要内容和填报要点
1	一般原则		1）排污单位一般按照规范填报内容，地方生态环境主管部门有需要的可增加 2）未依法取得环境影响评价审批文件或证明材料、污染防治措施不能达到要求或有其他需改正行为的排污单位，首次申报时应申报改正方案 3）排污单位对提交申请材料的真实性、合法性和完整性负法律责任
2	基本信息		基本信息应包括：单位名称、是否需整改、许可证管理类别、邮政编码、是否投产、投产日期、生产经营场所中心经度、生产经营场所中心纬度、所在地区是否属于环境敏感区（如大气重点控制区、总磷总氮控制区等）、所属工业园名称、环境影响评价审批文件文号（备案编号）、地方政府对违规项目的认定或备案文件文号、主要污染物总量分配计划文件文号、污染物的总量指标等
3	主要产品及产能	主要生产单元、主要生产工艺、生产设施及设施参数	主要生产单元有主体工程、公用工程、辅助工程、储运工程，其中主体工程为主要生产线，辅助工程为污染防治措施和其他配套系统，主要生产工艺与主要生产单元对应，生产设施与主要生产工艺对应，生产设施应填报设施参数
		生产设施编号	排污单位有内部编号的填内部编号，没有的根据《排污单位编码规则》（HJ 608—2017）进行编号
		产品名称	填写生产设施的产品名称，涉及化学品的需填写 CAS 编号
4	主要原辅材料及燃料信息	原辅材料及燃料种类	1）原料填报主要原料和所有有毒有害化学品原料 2）辅料填报主要辅料和污染治理过程中添加的化学品 3）燃料包括固体燃料（煤炭、煤矸石、焦炭、生物质燃料等），液体燃料（原油、汽油、煤油、柴油、燃料油等），气体燃料（天然气、煤层气、冶金副产煤气、石油炼制副产燃气、煤气发生炉煤气等）
		设计年使用量及计量单位	原辅材料及燃料种类的设计年使用量应与产能相匹配，并标明计量单位
		原辅材料有毒有害物质及成分占比	有毒有害物质指优先控制化学品名录、污染物排放标准中的"第一类污染物"以及有关文件中规定的有毒有害物质或元素，不含有毒有害物质的原辅材料可不填写
		燃料灰分、硫分、挥发分及热值	按设计值或上一年生产实际值填写固体燃料的灰分、硫分、挥发分及热值，燃油和燃气填写硫分及热值，热值为低位发热量
5	产排污环节、污染物及污染治理设施	废气	填写废气产排污环节以及对应的污染物种类、排放形式（有组织或无组织）、污染治理设施、有组织排放口编号及名称、排放口设置是否符合要求、排放口类型（主要排放口、一般排放口等）
		废水	填写废水类别以及对应的污染物种类、污染治理设施、排放去向、排放方式、排放规律、排放口编号及名称、排放口设置是否符合要求、排放口类型（主要排放口、一般排放口等）
6	其他要求		1）生产工艺流程图，至少包括各工序主要生产设施、主要原辅材料及燃料流向、生产工艺流程等内容 2）厂区总平面布置图，至少包括主题设施、公辅设施、全厂污水处理站等，同时注明雨水和污水排放口位置

3. 产污环节对应排放口及许可排放限值确定方法

（1）废气产污环节对应排放口

废气产污环节对应排放口基本信息已在上节填报，这里还需补充排放口地理坐标、排气筒高度、排气筒出口内径、污染物排放标准及承诺更加严格排放限值等信息。

（2）废水产污环节对应排放口

废水产污环节对应排放口基本信息已在上节填报，这里还需补充废水直接排放口地理坐标、间歇排放时段、受纳自然水体信息、汇入受纳自然水体处地理坐标、污染物排放标准；废水间接排放口地理坐标、间歇排放时段、受纳污水处理厂名称、污染物排放标准；废水向海洋排放的还应说明岸边排放或深海排放，深海排放的还应说明排污口的深度、与岸线的直线距离。

（3）许可排放限值

许可排放限值包括污染物许可排放浓度和许可排放量，许可排放量包括年许可排放量和特殊时段许可排放量。

许可排放浓度一般根据国家和地方污染物排放标准按从严原则确定。废气和废水排放口各污染物一般均需确定许可排放浓度。

许可排放量通过技术规范推荐的方法计算确定，实际操作中还需与排污单位已获得的总量控制指标比较后按从严原则确定。主要排放口的特定污染物才需申请许可排放量，一般排放口和无组织废气通常情况下不需要申请许可排放量，部分行业有特殊规定的应遵照执行。排污单位的许可排放量为各主要排放口许可排放量之和。需申请许可排放量的特定污染物一般是废气中的颗粒物、二氧化硫、氮氧化物、挥发性有机物、重金属等和废水中的化学需氧量、氨氮、受纳水体超标污染物、总磷或总氮控制区的总磷或总氮等。

单独排入城镇集中污水处理设施的生活污水仅说明排放去向，不要求申请许可排放限值。

4. 可行技术要求

（1）采用可行技术

可行技术主要是指污染防治措施是否可行，以污染物排放持续稳定达标性、规模应用和经济可行性作为确定污染防治可行技术的重要依据。可行技术可按照行业可行技术指南、排污许可证申请与核发技术规范和污染物排放标准控制要求确定。

采用可行技术。按照行业可行技术指南、排污许可证申请与核发技术规范和污染物排放标准控制要求确定污染防治技术的排污单位，可被认为采用可行技术。新建、改建、扩建建设项目排污单位采用环境影响评价审批意见要求的污染防治技术的，原则上认为排污单位具有符合国家要求的污染防治设施或污染处理能力。

未采用可行技术。未采用上段所述污染防治技术的排污单位被认为未采用可行技术。未采用可行技术的排污单位应在申领排污许可证时提供相应的证明材料，证明使用的污染防治技术可以达到与可行技术相当的处理能力，证明材料可以是监测数据、首次采用技术的中试数据等。未采用可行技术的排污单位应加强自行监测、台账记录，评估污染防治技术的达标可行性。

（2）运行管理要求

对废气、废水、渗漏、泄漏等污染防治措施提出安装、运行、维护、防控等要求，具体如表 1-3 所示。

表 1-3 污染防治措施运行管理要求

序号	主要项目		主要内容
1	废气	有组织排放	1）废气污染治理设施应按照国家和地方规范进行设计 2）污染治理设施应与产生废气的生产设施同步运行。由于事故或设备维修等原因造成污染治理设施停止运行时，应立即报告当地生态环境主管部门 3）污染治理设施应在满足设计工况的条件下运行，并根据工艺要求，定期对设备、电气、自控仪表及构筑物进行检查维护，确保污染治理设施可靠运行 4）污染治理设施正常运行中废气的排放应符合国家和地方污染物排放标准
		无组织排放	按照国家和地方污染物排放标准要求执行
2	废水		1）废水污染治理设施应按照国家和地方规范进行设计 2）由于事故或设备维修等原因造成污染治理设施停止运行时，应立即报告当地生态环境主管部 3）污染治理设施应在满足设计工况的条件下运行，并根据工艺要求，定期对设备、电气、自控仪表及构筑物进行检查维护，确保污染治理设施可靠运行 4）全厂综合污水处理厂应加强源头管理，加强对上游装置来水的监测，并通过管理手段控制上游来水水质满足污水处理厂的进水要求 5）污染治理设施正常运行中废水的排放应符合国家和地方污染物排放标准
3	渗漏、泄漏防治措施要求		1）源头控制。对有毒有害物质，特别是液体或粉状固体物质存储及输送、生产加工，污水治理、固体废物堆放采取相应的防渗漏、泄漏措施 2）分区防控。原辅料及燃料存储区、生产装置区、输送管道、污水治理设施、固体废物堆存区的防渗要求，应满足国家和地方标准、防渗技术规范要求 3）渗漏、泄漏检测。对管道、储罐等配置渗漏、泄漏检测装置，阴极保护系统等防腐蚀装置，定期对渗漏、泄漏风险点进行隐患排查

5. 自行监测管理要求

自行监测管理要求可按照《排污单位自行监测技术指南 总则》（HJ 819—2017）、行业自行监测技术指南、行业排污许可证申请与核发技术规范执行，具体内容将在后续项目中介绍。

6. 环境管理台账及排污许可执行报告编制要求

环境管理台账及排污许可执行报告编制要求可按照《排污单位环境管理台账及排污许可证执行报告技术规范 总则（试行）》（HJ 944—2018）、行业排污许可证申请与核发技术规范执行，具体内容将在后续项目中介绍。

7. 实际排放量核算方法

实际排放量核算是实施证后管理和监管的重要内容。排污单位应核算废气和废水主要排放口的污染物实际排放量。实际排放量是正常情况和非正常情况实际排放量之和。排污单位废气、废水实际排放量的核算方法包括实测法、物料衡算法和产污系数法等。具体核算方法可参考排污许可证申请与核发技术规范。

1）实测法为根据监测数据测算污染物实际排放量的方法，监测数据可以为自动监测数据和手工监测数据。

2）物料衡算法根据质量守恒定律，利用物料数量或元素数量在输入端和输出端之间的平衡关系，核算污染物实际排放量。

3）产污系数法根据单位产品污染物的产生量和排放量，核算污染物实际排放量。相关产污系数参考污染源普查产排污系数手册或《未纳入排污许可管理行业适用的排污系数、物料衡算方法（试行）》的相关内容。

8. 合规判定方法

合规判定是实施证后管理和监管的重要内容。合规是指排污单位许可事项和环境管理要求符合排污许可证规定。

排污单位可通过台账记录，按时上报执行报告和开展自行监测、信息公开，自证其依证排污，满足排污许可证要求。核发生态环境主管部门可依据执法监测数据，以及排污单位环境管理台账记录、执行报告、自行监测记录中的内容判断其污染物浓度和排放量是否满足许可排放限值要求。

合规性判定内容如表1-4所示。

表1-4 合规性判定内容

序号	主要项目		主要内容
1	许可事项合规	排放口位置和数量	是否与排污许可证内容一致
		排放方式和排放去向	是否与排污许可证内容一致
		排放污染物种类	是否与排污许可证内容一致
		排放限值	1）排放限值合规是指排污单位污染物实际排放浓度和排放量满足许可排放限值要求 2）废气有组织排放口污染物排放浓度合规是指任一小时浓度均值均满足许可排放浓度要求，浓度非小时均值的污染物需符合监测规范，在线监测数据从其达标判定方法 3）废气无组织排放合格是指其满足污染物排放标准中排放浓度限值要求及污染控制措施要求 4）非正常情况的废气排放，若多台设施采用混合方式排气，且其中一台处于起停时段，排污单位可自行提供废气混合前各台设施污染物有效监测数据的，按照其提供数据进行合规性判定，其他非正常情况导致污染物超标排放的，应立即停产整改 5）废水排放口污染物排放浓度合规是指任一有效日均值（除pH值外）满足排放许可浓度要求，浓度非日均值的污染物符合监测规范，在线监测数据从其达标判定方法 6）排污单位可通过自动监测和手工监测数据证明其是否合规，监管部门可通过执法监测数据判断其是否合规，同一时间段两者皆有的，优先使用执法监测数据 7）污染物排放量合规是指排污单位污染物年实际排放量满足许可排放限值要求，排污单位有特殊时段许可排放量要求的，需计入实际排放量

(续)

序号	主要项目	主要内容
2	环境管理要求	1）排污单位是否按照自行监测方案开展自行监测 2）排污单位是否按照排污许可证中环境管理台账记录要求记录相关内容，记录频次、形式等是否满足排污许可证要求 3）排污单位是否按照排污许可证中执行报告要求定期上报，上报内容是否符合要求等 4）排污单位是否按照排污许可管理办法实施申请前信息公开、许可信息公开、限期整改信息公开等事项 5）排污单位是否满足特殊时段污染防治需求

1.3.2 选择适用技术规范

排污单位行业类别多样，《排污许可证申请与核发技术规范 总则》（HJ 942—2018）不能良好的适用于所有行业的排污许可管理，要做到对各行业的精细化管理，还需依赖行业排污许可证申请与核发技术规范。目前国家生态环境部已颁布了成体系的行业排污许可证申请与核发技术规范，基本能够满足各行业的排污许可管理需要。

这里以《固定污染源排污许可分类管理名录（2019年版）》里表格为基础，整理了目前已发布实施的行业排污许可证申请与核发技术规范及其适用的行业类别，如表1-5所示，以供参考和查阅。

由于部分行业涉及小类较多、生产工艺差别较大或有特殊管理需求等原因，本表中所列部分技术规范可能不能与"行业类别"中的所有行业相对应，选择行业适用的技术规范时，仍需仔细研究该技术规范的适用范围。没有行业排污许可证申请与核发技术规范的，或行业排污许可证申请与核发技术规范不涉及的内容，可参照《排污许可证申请与核发技术规范 总则》（HJ 942—2018）执行。

表1-5 行业技术规范及适用行业参考

序号	行业类别	适用技术规范名称	目前适用技术规范编号	备注
一、畜牧业 03				
1	牲畜饲养 031，家禽饲养 032	排污许可证申请与核发技术规范 畜禽养殖行业	HJ 1029—2019	
2	其他畜牧业 039	/	/	登记管理行业
二、煤炭开采和洗选业 06				
3	烟煤和无烟煤开采洗选 061，褐煤开采洗选 062，其他煤炭洗选 069	参照相应通用工序技术规范		按照通用工序实施管理

（续）

序号	行业类别	适用技术规范名称	目前适用技术规范编号	备注
三、石油和天然气开采业 07				
4	石油开采 071，天然气开采 072	参照相应通用工序技术规范		按照通用工序管理行业
四、黑色金属矿采选业 08				
5	铁矿采选 081，锰矿、铬矿采选 082，其他黑色金属矿采选 089	参照相应通用工序技术规范		按照通用工序管理行业
五、有色金属矿采选业 09				
6	常用有色金属矿采选 091，贵金属矿采选 092，稀有稀土金属矿采选 093	参照相应通用工序技术规范		按照通用工序管理行业
六、非金属矿采选业 10				
7	土砂石开采 101，化学矿开采 102，采盐 103，石棉及其他非金属矿采选 109	参照相应通用工序技术规范		按照通用工序管理行业
七、其他采矿业 12				
8	其他采矿业 120	参照相应通用工序技术规范		按照通用工序管理行业
八、农副食品加工业 13				
9	谷物磨制 131	/		登记管理行业
10	饲料加工 132	排污许可证申请与核发技术规范 农副食品加工工业—饲料加工、植物油加工工业	HJ 1110—2020	
11	植物油加工 133	排污许可证申请与核发技术规范 农副食品加工工业—饲料加工、植物油加工工业	HJ 1110—2020	
12	制糖业 134	排污许可证申请与核发技术规范 农副食品加工工业—制糖工业	HJ 860.1—2017	
13	屠宰及肉类加工 135	排污许可证申请与核发技术规范 农副食品加工工业—屠宰及肉类加工工业	HJ 860.3—2018	

(续)

序号	行业类别	适用技术规范名称	目前适用技术规范编号	备注
14	水产品加工 136	排污许可证申请与核发技术规范 农副食品加工工业—水产品加工工业	HJ 1109—2020	
15	蔬菜、菌类、水果和坚果加工 137	参照相应通用工序技术规范		按照通用工序管理行业
16	其他农副食品加工 139	排污许可证申请与核发技术规范 农副食品加工工业—淀粉工业	HJ 860.2—2018	
九、食品制造业 14				
17	方便食品制造 143，其他食品制造 149	排污许可证申请与核发技术规范 食品制造工业—方便食品、食品及饲料添加剂制造工业	HJ 1030.3—2019	
18	焙烤食品制造 141，糖果、巧克力及蜜饯制造 142，罐头食品制造 145	参照相应通用工序技术规范		按照通用工序管理行业
19	乳制品制造 144	排污许可证申请与核发技术规范 食品制造工业—乳制品制造工业	HJ 1030.1—2019	
20	调味品、发酵制品制造 146	排污许可证申请与核发技术规范 食品制造工业—调味品、发酵制品制造工业	HJ 1030.2—2019	
十、酒、饮料和精制茶制造业 15				
21	酒的制造 151	排污许可证申请与核发技术规范 酒、饮料制造工业	HJ 1028—2019	
22	饮料制造 152			
23	精制茶加工 153	参照相应通用工序技术规范		按照通用工序管理行业
十一、烟草制品业 16				
24	烟叶复烤 161，卷烟制造 162，其他烟草制品制造 169	参照相应通用工序技术规范		按照通用工序管理行业

（续）

序号	行业类别	适用技术规范名称	目前适用技术规范编号	备注
十二、纺织业 17				
25	棉纺织及印染精加工 171，毛纺织及染整精加工 172，麻纺织及染整精加工 173，丝绸纺织及印染精加工 174，化纤织造及印染精加工 175	排污许可证申请与核发技术规范 纺织印染工业	HJ 861—2017	
26	针织或钩针编织物及其制品制造 176，家用纺织制成品制造 177，产业用纺织制成品制造 178	参照相应通用工序技术规范		按照通用工序管理行业
十三、纺织服装、服饰业 18				
27	机织服装制造 181，服饰制造 183	排污许可证申请与核发技术规范 纺织印染工业	HJ 861—2017	
28	针织或钩针编织服装制造 182	参照相应通用工序技术规范		按照通用工序管理行业
十四、皮革、毛皮、羽毛及其制品和制鞋业 19				
29	皮革鞣制加工 191，毛皮鞣制及制品加工 193	排污许可证申请与核发技术规范 制革及毛皮加工工业—制革工业	HJ 859.1—2017	
		排污许可证申请与核发技术规范 制革及毛皮加工工业—毛皮加工工业	HJ 1065—2019	
30	皮革制品制造 192	参照相应通用工序技术规范		按照通用工序管理行业
31	羽毛（绒）加工及制品制造 194	排污许可证申请与核发技术规范 羽毛（绒）加工工业	HJ 1108—2020	
32	制鞋业 195	排污许可证申请与核发技术规范 制鞋工业	HJ 1123—2020	
十五、木材加工和木、竹、藤、棕、草制品业 20				
33	人造板制造 202	排污许可证申请与核发技术规范 人造板工业	HJ 1032—2019	

(续)

序号	行业类别	适用技术规范名称	目前适用技术规范编号	备注
34	木材加工201,木质制品制造203,竹、藤、棕、草等制品制造204	参照相应通用工序技术规范		按照通用工序管理行业
十六、家具制造业21				
35	木质家具制造211,竹、藤家具制造212,金属家具制造213,塑料家具制造214,其他家具制造219	排污许可证申请与核发技术规范 家具制造工业	HJ 1027—2019	
十七、造纸和纸制品业22				
36	纸浆制造221	关于开展火电、造纸行业和京津冀试点城市高架源排污许可证管理工作的通知	环水体〔2016〕189号	
37	造纸222			
38	纸制品制造223			
十八、印刷和记录媒介复制业23				
39	印刷231	排污许可证申请与核发技术规范 印刷工业	HJ 1066—2019	
40	装订及印刷相关服务232,记录媒介复制233	参照相应通用工序技术规范		按照通用工序管理行业
十九、文教、工美、体育和娱乐用品制造业24				
41	文教办公用品制造241,乐器制造242,工艺美术及礼仪用品制造243,体育用品制造244,玩具制造245,游艺器材及娱乐用品制造246	参照相应通用工序技术规范		按照通用工序管理行业
二十、石油、煤炭及其他燃料加工业25				
42	精炼石油产品制造251	排污许可证申请与核发技术规范 石化工业	HJ 853—2017	
43	煤炭加工252	排污许可证申请与核发技术规范 炼焦化学工业	HJ 854—2017	
		排污许可证申请与核发技术规范 煤炭加工—合成气和液体燃料生产	HJ 1101—2020	
44	生物质燃料加工254	参照相应通用工序技术规范		按照通用工序管理行业

（续）

序号	行业类别	适用技术规范名称	目前适用技术规范编号	备注
二十一、化学原料和化学制品制造业 26				
45	基础化学原料制造 261	排污许可证申请与核发技术规范 无机化学工业	HJ 1035—2019	
		排污许可证申请与核发技术规范 石化工业	HJ 853—2017	
46	肥料制造 262	排污许可证申请与核发技术规范 化肥工业—氮肥	HJ 864.1—2017	
		排污许可证申请与核发技术规范 磷肥、钾肥、复混钾肥、有机肥料及微生物肥料工业	HJ 864.2—2018	
47	农药制造 263	排污许可证申请与核发技术规范 农药制造工业	HJ 862—2017	
48	涂料、油墨、颜料及类似产品制造 264	排污许可证申请与核发技术规范 涂料、油墨、颜料及类似产品制造业	HJ 1116—2020	
49	合成材料制造 265	排污许可证申请与核发技术规范 聚氯乙烯工业	HJ 1036—2019	
		排污许可证申请与核发技术规范 石化工业	HJ 853—2017	
50	专用化学产品制造 266	排污许可证申请与核发技术规范 专用化学产品制造工业	HJ 1103—2020	
51	炸药、火工及焰火产品制造 267	参照相应通用工序技术规范		按照通用工序管理行业
52	日用化学产品制造 268	排污许可证申请与核发技术规范 日用化学产品制造工业	HJ 1104—2020	

（续）

序号	行业类别	适用技术规范名称	目前适用技术规范编号	备注
二十二、医药制造业 27				
53	化学药品原料药制造 271	排污许可证申请与核发技术规范 制药工业—原料药制造	HJ 858.1—2017	
54	化学药品制剂制造 272	排污许可证申请与核发技术规范 制药工业—化学药品制剂制造	HJ 1063—S2019	
55	中药饮片加工 273，药用辅料及包装材料制造 278	参照相应通用工序技术规范		按照通用工序管理行业
56	中成药生产 274	排污许可证申请与核发技术规范 制药工业—中成药生产	HJ 1064—2019	
57	兽用药品制造 275	排污许可证申请与核发技术规范 制药工业—原料药制造	HJ 858.1—2017	
		排污许可证申请与核发技术规范 制药工业—化学药品制剂制造	HJ 1063—2019	
58	生物药品制品制造 276	排污许可证申请与核发技术规范 制药工业—生物药品制品制造	HJ 1062—2019	
59	卫生材料及医药用品制造 277	/		登记管理行业
二十三、化学纤维制造业 28				
60	纤维素纤维原料及纤维制造 281，合成纤维制造 282，生物基材料制造 283	排污许可证申请与核发技术规范 化学纤维制造业	HJ 1102—2020	
二十四、橡胶和塑料制品业 29				
61	橡胶制品业 291	排污许可证申请与核发技术规范 橡胶和塑料制品工业	HJ 1122—2020	
62	塑料制品业 292	排污许可证申请与核发技术规范 橡胶和塑料制品工业	HJ 1122—2020	

（续）

序号	行业类别	适用技术规范名称	目前适用技术规范编号	备注
二十五、非金属矿物制品业 30					
63	水泥、石灰和石膏制造 301，石膏、水泥制品及类似制品制造 302	排污许可证申请与核发技术规范 水泥工业	HJ 847—2017	
		排污许可证申请与核发技术规范 工业炉窑	HJ 1121—2020	
64	砖瓦、石材等建筑材料制造 303	排污许可证申请与核发技术规范 陶瓷砖瓦工业	HJ 954—2018	
65	玻璃制造 304	排污许可证申请与核发技术规范 玻璃工业—平板玻璃	HJ 856—2017	
		排污许可证申请与核发技术规范 工业炉窑	HJ 1121—2020	
66	玻璃制品制造 305	排污许可证申请与核发技术规范 工业炉窑	HJ 1121—2020	
67	玻璃纤维和玻璃纤维增强塑料制品制造 306	排污许可证申请与核发技术规范 工业炉窑	HJ 1121—2020	
68	陶瓷制品制造 307	排污许可证申请与核发技术规范 陶瓷砖瓦工业	HJ 954—2018	
69	耐火材料制品制造 308	排污许可证申请与核发技术规范 工业炉窑	HJ 1121—2020	
70	石墨及其他非金属矿物制品制造 309	排污许可证申请与核发技术规范 石墨及其他非金属矿物制品制造	HJ 1119—2020	
二十六、黑色金属冶炼和压延加工业 31					
71	炼铁 311	排污许可证申请与核发技术规范 钢铁工业	HJ 846—2017	
72	炼钢 312	排污许可证申请与核发技术规范 钢铁工业	HJ 846—2017	
73	钢压延加工 313	排污许可证申请与核发技术规范 钢铁工业	HJ 846—2017	
74	铁合金冶炼 314	排污许可证申请与核发技术规范 铁合金、电解锰工业	HJ 1117—2020	

（续）

序号	行业类别	适用技术规范名称	目前适用技术规范编号	备注
二十七、有色金属冶炼和压延加工业 32				
75	常用有色金属冶炼 321	排污许可证申请与核发技术规范 有色金属工业—铝冶炼	HJ 863.2—2017	
		排污许可证申请与核发技术规范 有色金属工业—铅锌冶炼	HJ 863.1—2017	
		排污许可证申请与核发技术规范 有色金属工业—铜冶炼	HJ 863.3—2017	
		排污许可证申请与核发技术规范 有色金属工业—镁冶炼	HJ 933—2017	
		排污许可证申请与核发技术规范 有色金属工业—汞冶炼	HJ 931—2017	
		排污许可证申请与核发技术规范 有色金属工业—镍冶炼	HJ 934—2017	
		排污许可证申请与核发技术规范 有色金属工业—钛冶炼	HJ 935—2017	
		排污许可证申请与核发技术规范 有色金属工业—锡冶炼	HJ 936—2017	
		排污许可证申请与核发技术规范 有色金属工业—钴冶炼	HJ 937—2017	
		排污许可证申请与核发技术规范 有色金属工业—锑冶炼	HJ 938—2017	
		排污许可证申请与核发技术规范 有色金属工业—再生金属	HJ 863.4—2018	
76	贵金属冶炼 322	排污许可证申请与核发技术规范 工业炉窑	HJ 1121—2020	

（续）

序号	行业类别	适用技术规范名称	目前适用技术规范编号	备注
77	稀有稀土金属冶炼 323	排污许可证申请与核发技术规范 稀有稀土金属冶炼	HJ 1125—2020	
78	有色金属合金制造 324	排污许可证申请与核发技术规范 工业炉窑	HJ 1121—2020	
79	有色金属压延加工 325	排污许可证申请与核发技术规范 工业炉窑	HJ 1121—2020	
二十八、金属制品业 33				
80	结构性金属制品制造 331，金属工具制造 332，集装箱及金属包装容器制造 333，金属丝绳及其制品制造 334，建筑、安全用金属制品制造 335，搪瓷制品制造 337，金属制日用品制造 338，铸造及其他金属制品制造 339（除黑色金属铸造 3391、有色金属铸造 3392）	参照相应通用工序技术规范		按照通用工序管理行业
81	金属表面处理及热处理加工 336	排污许可证申请与核发技术规范 电镀工业	HJ 855—2017	
		排污许可证申请与核发技术规范 铁路、船舶、航空航天和其他运输设备制造业	HJ 1124—2020	
82	铸造及其他金属制品制造 339	排污许可证申请与核发技术规范 金属铸造工业	HJ 1115—2020	
二十九、通用设备制造业 34				
83	锅炉及原动设备制造 341，金属加工机械制造 342，物料搬运设备制造 343，泵、阀门、压缩机及类似机械制造 344，轴承、齿轮和传动部件制造 345，烘炉、风机、包装等设备制造 346，文化、办公用机械制造 347，通用零部件制造 348，其他通用设备制造业 349	参照相应通用工序技术规范		按照通用工序管理行业

（续）

序号	行业类别	适用技术规范名称	目前适用技术规范编号	备注
三十、专用设备制造业35				
84	采矿、冶金、建筑专用设备制造351，化工、木材、非金属加工专用设备制造352，食品、饮料、烟草及饲料生产专用设备制造353，印刷、制药、日化及日用品生产专用设备制造354，纺织、服装和皮革加工专用设备制造355，电子和电工机械专用设备制造356，农、林、牧、渔专用机械制造357，医疗仪器设备及器械制造358，环保、邮政、社会公共服务及其他专用设备制造359	参照相应通用工序技术规范		按照通用工序管理行业
三十一、汽车制造业36				
85	汽车整车制造361，汽车用发动机制造362，改装汽车制造363，低速汽车制造364，电车制造365，汽车车身、挂车制造366，汽车零部件及配件制造367	排污许可证申请与核发技术规范 汽车制造业	HJ 971—2018	
三十二、铁路、船舶、航空航天和其他运输设备制造37				
86	铁路运输设备制造371，城市轨道交通设备制造372，船舶及相关装置制造373，航空、航天器及设备制造374，摩托车制造375，自行车和残疾人座车制造376，助动车制造377，非公路休闲车及零配件制造378，潜水救捞及其他未列明运输设备制造379	排污许可证申请与核发技术规范 铁路、船舶、航空航天和其他运输设备制造业	HJ 1124—2020	
三十三、电气机械和器材制造业38				
87	电机制造381，输配电及控制设备制造382，电线、电缆、光缆及电工器材制造383，家用电力器具制造385，非电力家用器具制造386，照明器具制造387，其他电气机械及器材制造389	参照相应通用工序技术规范		按照通用工序管理行业

（续）

序号	行业类别	适用技术规范名称	目前适用技术规范编号	备注
88	电池制造 384	排污许可证申请与核发技术规范 电池工业	HJ 967—2018	
三十四、计算机、通信和其他电子设备制造业 39					
89	计算机制造 391，电子器件制造 397，电子元件及电子专用材料制造 398，其他电子设备制造 399	排污许可证申请与核发技术规范 电子工业	HJ 1031—2019	
90	通信设备制造 392，广播电视设备制造 393，雷达及配套设备制造 394，非专业视听设备制造 395，智能消费设备制造 396	参照相应通用工序技术规范		按照通用工序管理行业
三十五、仪器仪表制造业 40				
91	通用仪器仪表制造 401，专用仪器仪表制造 402，钟表与计时仪器制造 403，光学仪器制造 404，衡器制造 405，其他仪器仪表制造业 409	参照相应通用工序技术规范		按照通用工序管理行业
三十六、其他制造业 41				
92	日用杂品制造 411，其他未列明制造业 419	参照相应通用工序技术规范		按照通用工序管理行业
三十七、废弃资源综合利用业 42				
93	金属废料和碎屑加工处理 421，非金属废料和碎屑加工处理 422	排污许可证申请与核发技术规范 废弃资源加工工业	HJ 1034—2019	
三十八、金属制品、机械和设备修理业 43				
94	金属制品修理 431，通用设备修理 432，专用设备修理 433，铁路、船舶、航空航天等运输设备修理 434，电气设备修理 435，仪器仪表修理 436，其他机械和设备修理业 439	参照相应通用工序技术规范		按照通用工序管理行业

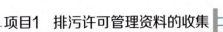

（续）

序号	行业类别	适用技术规范名称	目前适用技术规范编号	备注
三十九、电力、热力生产和供应业 44				
95	电力生产 441	关于开展火电、造纸行业和京津冀试点城市高架源排污许可证管理工作的通知	环水体〔2016〕189号	
		排污许可证申请与核发技术规范 生活垃圾焚烧	HJ 1039—2019	
96	热力生产和供应 443	排污许可证申请与核发技术规范 锅炉	HJ 953—2018	
四十、燃气生产和供应业 45				
97	燃气生产和供应业 451，生物质燃气生产和供应业 452	参照相应通用工序技术规范		按照通用工序管理行业
四十一、水的生产和供应业 46				
98	自来水生产和供应 461，海水淡化处理 463，其他水的处理、利用与分配 469	参照相应通用工序技术规范		按照通用工序管理行业
99	污水处理及其再生利用 462	排污许可证申请与核发技术规范 水处理（试行）	HJ 978—2018	
四十二、零售业 52				
100	汽车、摩托车、零配件和燃料及其他动力销售 526	排污许可证申请与核发技术规范 储油库、加油站	HJ 1118—2020	
四十三、水上运输业 55				
101	水上运输辅助活动 553	排污许可证申请与核发技术规范 码头	HJ 1107—2020	
四十四、装卸搬运和仓储业 59				
102	危险品仓储 594	排污许可证申请与核发技术规范 储油库、加油站	HJ 1118—2020	
四十五、生态保护和环境治理业 77				
103	环境治理业 772	排污许可证申请与核发技术规范 危险废物焚烧	HJ 1038—2019	
		排污许可证申请与核发技术规范 工业固体废物和危险废物治理	HJ 1033—2019	

（续）

序号	行业类别	适用技术规范名称	目前适用技术规范编号	备注
四十六、公共设施管理业 78				
104	环境卫生管理 782	排污许可证申请与核发技术规范 环境卫生管理业	HJ 1106—2020	
四十七、居民服务业 80				
105	殡葬服务 808	/		无专门行业技术规范，可参考总则或其他行业技术规范
四十八、机动车、电子产品和日用品修理业 81				
106	汽车、摩托车等修理与维护 811	排污许可证申请与核发技术规范 铁路、船舶、航空航天和其他运输设备制造业	HJ 1124—2020	
四十九、卫生 84				
107	医院 841，专业公共卫生服务 843	排污许可证申请与核发技术规范 医疗机构	HJ 1105—2020	
五十、其他行业				
108	除 1-107 外的其他行业	参照相应通用工序技术规范		按照《固定污染源排污许可分类管理名录（2019年版）》第七条执行
五十一、通用工序				
109	锅炉	排污许可证申请与核发技术规范 锅炉	HJ 953—2018	
110	工业炉窑	排污许可证申请与核发技术规范 工业炉窑	HJ 1121—2020	
111	表面处理	排污许可证申请与核发技术规范 电镀工业	HJ 855—2017	
		排污许可证申请与核发技术规范 铁路、船舶、航空航天和其他运输设备制造业	HJ 1124—2020	
112	水处理	排污许可证申请与核发技术规范 水处理（试行）	HJ 978—2018	

任务1.4 收集排污许可申报资料

任务目标
能够收集、整理、制作排污许可证申报所需的资料,掌握收集资料的方法和途径。

任务分析
排污许可管理依托排污许可证的申报事项,而申报事项需要按照技术规范进行确定,要想完成技术规范所载内容,需要收集足够的支撑资料,并按要求进行整理和再加工。

任务实施
通过总结和归纳,明确需要收集、整理、制作的资料种类,掌握收集资料的方法和途径。

通过对任务1.1~1.3的学习和技能训练,发现要做好排污许可管理工作,需要收集足够的资料,并对资料进行整理和再加工。如按照《排污许可管理办法(试行)》,申报排污许可证申请材料包括:

(一)排污许可证申请表,主要内容包括:排污单位基本信息,主要生产设施、主要产品及产能、主要原辅材料,废气、废水等产排污环节和污染防治设施,申请的排放口位置和数量、排放方式、排放去向,按照排放口和生产设施或者车间申请的排放污染物种类、排放浓度和排放量,执行的排放标准;

(二)自行监测方案;

(三)由排污单位法定代表人或者主要负责人签字或者盖章的承诺书;

(四)排污单位有关排污口规范化的情况说明;

(五)建设项目环境影响评价文件审批文号,或者按照有关国家规定经地方人民政府依法处理、整顿规范并符合要求的相关证明材料;

(六)排污许可证申请前信息公开情况说明表;

(七)污水集中处理设施的经营管理单位还应当提供纳污范围、纳污排污单位名单、管网布置、最终排放去向等材料;

(八)本办法实施后的新建、改建、扩建项目排污单位存在通过污染物排放等量或者减量替代削减获得重点污染物排放总量控制指标情况的,且出让重点污染物排放总量控制指标的排污单位已经取得排污许可证的,应当提供出让重点污染物排放总量控制指标的排污单位的排污许可证完成变更的相关材料;

(九)法律法规规章规定的其他材料。

结合工作实践,这里将排污许可申报所需收集的资料分为排污单位提供的资料和申报人员收集的资料。其中,排污单位提供的资料可由申报人员列出资料清单后,排污单位配合申报人员收集整理。申报人员还需根据排污单位提供的资料和排污许可管理要求,收集、整理、制作规范的申报资料。这里给出排污许可申报资料清单,以供参考,如表1-6所示,具体资料仍需结合地方生态环境主管部门要求来确定。

表1-6 排污许可申报资料参考清单

资料类型	序号	资料名称	资料说明
排污单位提供的资料	1	营业执照	必要资料。含有排污单位名称、注册地址、法人、统一社会信用代码等信息
	2	主要产品及产能信息	必要资料。判断管理类别的重要依据之一,申请表必填内容
	3	主要原辅材料及燃料信息	必要资料。判断管理类别的重要依据之一,申请表必填内容。需要包括主要原辅材料的成分、有毒有害物质占比以及燃料的成分分析和热值等信息
	4	主要生产工艺	必要资料,必要附件。判断管理类别、判断产排污节点、主要生产单元划分等事项的重要依据之一,申请表必填内容。需要绘制成生产工艺流程图作为附件
	5	主要生产设施	必要资料。判断产排污节点的重要依据之一,申请表必填内容。需要包括参数信息
	6	废气、废水等产排污环节和污染防治设施	必要资料。申请表必填内容。需要排污单位提供基础信息,再由申报人员核实产排污环节和污染防治设施的工艺、处理效率等信息
	7	废气、废水排放口信息	必要资料。申请表必填内容。需要包括废水、废气排放口的位置和数量、排放方式、排放去向等信息
	8	污染物排放信息	必要资料。申请表必填内容。包括排放污染物种类、排放浓度和排放量,执行的排放标准等,需要排污单位提供基础信息,再由申报人员核实
	9	生产厂区总平面布置图	必要资料,必要附件。按照排污许可证申请与核发技术规范,绘制含有所有生产单元、污染防治设施、污水管网、雨水管网等信息的排污单位生产厂区总平面布置图
	10	承诺书	必要资料,必要附件。排污单位可在"全国排污许可证管理信息平台"下载模板后,修改、签字、盖章
	11	总量控制指标信息	必要资料,如有需提供。排污单位有总量控制指标的需要提供,载有总量控制指标信息的资料可以是总量分配文件、环境影响评价审批文件、原排污许可证、总量替换或排污权交易文件等
	12	环境影响评价审批文件	必要资料,如有需提供。地方生态环境部门出具的排污单位环境影响评价审批文件,常被称为环评批复,如有需提供所有的环评批复文件
	13	处理、整顿信息	必要资料,如有需提供。缺少环境影响评价审批文件的排污单位,应按照有关国家规定提供经地方管理部门依法处理、整顿规范并符合要求的相关证明材料
	14	污水集中处理设施信息	必要资料。污水集中处理设施的经营管理单位需提供,包括纳污范围、纳污排污单位名单、管网布置、最终排放去向等材料
	15	技术报告	重要资料。技术报告中可能含有排污单位系统的环境管理信息,如有建议提供。常见的排污许可相关技术报告有环境影响评价报告、建设项目竣工环境保护验收报告或意见、污染防治设施设计报告等
	16	其他资料	排污单位结合实际需提供的其他资料,如企业名称变更信息、生产制度信息等。管理部门按照法律法规所规定的其他材料等

（续）

资料类型	序号	资料名称	资料说明
申报人员收集的资料	1	排污许可管理办法	必要资料。申报人员按照排污许可管理办法实施排污许可管理，明确排污许可工作流程和工作事项。排污许可管理办法可在生态环境主管部门网站下载
	2	固定污染源排污许可分类管理名录	必要资料。申报人员需按照最新版固定污染源排污许可分类管理名录确定排污单位排污许可管理分类，分类管理名录常常与《国民经济行业分类》配合使用。分类管理名录可在生态环境主管部门网站下载
	3	重点排污单位名录	必要资料。申报人员按照重点排污单位名录确定排污单位是否为重点排污单位。重点排污单位名录可在地方生态环境主管部门网站下载
	4	技术规范与技术指南	必要资料。申报人员需按照对应的技术规范和技术指南实施排污许可具体事项。相关的技术规范和技术指南有排污许可证申请与核发技术规范、自行监测技术指南、污染防治可行技术指南、排污单位环境管理台账及排污许可证执行报告技术规范等。技术规范和技术指南可在生态环境主管部门网站下载
	5	污染物排放标准	必要资料。申请表必填内容。申报人员需按照污染物排放标准确定排污单位的许可排放浓度、许可排放量等事宜，部分排污单位还需参考环境质量标准。污染物排放标准和环境质量标准可在生态环境主管部门网站下载
	6	自行监测方案	必要资料。申请表必填内容，重要附件。申报人员需按照技术规范和技术指南要求制定排污单位的自行监测方案
	7	监测布点图	必要资料，必要附件。申报人员需按照技术规范和技术指南要求，结合排污单位实际，绘制监测布点图。监测布点图一般包括废水监测点、废气监测点、废气无组织排放监测点、厂界噪声监测点、图例、盛行风向、指北标识等
	8	排污口规范化说明	必要资料，重要附件。申报人员需按照导则和技术规范，结合排污单位实际，编制排污口规范化的情况说明
	9	排污许可证申领信息公开情况说明表	必要资料，如需要请提供。重点管理的排污单位需开展申请前信息公开的，申报人员应指导排污单位填写排污许可证申领信息公开情况说明表。信息公开情况说明表样表可在"全国排污许可证管理信息平台"下载
	10	许可排放量计算过程	必要资料，如需要请提供。有许可排放量要求的主要排放口污染物，应计算许可排放量，并提供完整计算过程，计算和取值按照排污许可证申请与核发技术规范实施
	11	污染防治措施可行性证明材料	必要资料，如需要请提供。排污单位采用的污染防治措施不是技术规范规定的可行性技术措施，应提供污染防治措施可行性证明材料。有资质单位出具的监测报告是比较常见的证明材料
	12	申请表样表	重要资料。申报人员对所申报行业不熟悉的，建议通过申请表样表明确该行业的申报表单和申报内容。申请表样表可在"全国排污许可证管理信息平台"下载
	13	学习资料	重要资料。申报人员应加强技能训练，尽量收集排污许可管理相关的培训课件、培训视频、培训教材等学习资料。"全国排污许可证管理信息平台"提供了部分行业的学习资料可供下载
	14	其他资料	管理部门按照法律法规所规定的其他材料等

项目2

全国排污许可证管理信息平台的使用

导言:

按照《控制污染物排放许可制实施方案》和《排污许可管理办法（试行）》要求，排污许可管理工作需要做到落实排污单位主体责任、信息公开、统一管理、"一证式"管理等，"全国排污许可证管理信息平台公开端"是实现这些需求的信息化工具。"全国排污许可证管理信息平台公开端"由生态环境部建设和统一管理，排污许可证的申请、受理、审核、发放、变更、延续、注销、撤销、遗失补办和证后管理均需在此平台上进行。排污单位所需开展的排污许可相关工作，均依托"全国排污许可证管理信息平台公开端"，实现"一站式"管理。排污单位在申请排污许可证和运营期间开展的信息公开工作也主要在"全国排污许可证管理信息平台公开端"上进行，人民群众可以搜索查看，行使监督权力。因此，熟练使用"全国排污许可证管理信息平台公开端"是开展排污许可管理的重要环节。

通过本项目训练，排污许可管理技术人员可以掌握"全国排污许可证管理信息平台公开端"的使用方法，掌握排污许可登记管理、简化管理和重点管理在"全国排污许可证管理信息平台公开端"的操作流程，进一步熟悉排污许可管理工作流程。本项目共有三个任务。

为更好地训练排污许可管理技能，这里提供真实案例用于练习，真实案例的练习使用要点如下：

1）真实案例为已经完成排污许可登记或申报的项目，其数据不能在正式平台上填报，可以使用试填报平台或固定污染源排污登记表（样表）、排污许可证申请表（试行）等练习。

2）真实案例所展示数据均为该排污单位需进行信息公开的数据，涉及秘密的数据不进行展示。

项目2　全国排污许可证管理信息平台的使用

3）真实案例涉及的排污单位身份信息均改编或隐去，身份信息包括但不限于：名称、代码、地址、姓名、电话，或可能出现以上信息的文件、照片等。

4）需要隐去的文字使用"XXX""张三""某某""案例"等字样或类似的字样代替，需要隐去的数字使用"000""123""112233"等字样或类似的字样代替，需要隐去字母使用"abc""ABC""aabb""AABB"等字样或类似的字样代替。

5）需要隐去信息的文件、照片等，通过制作样例代替。

6）考虑案例训练技能的完整性，可能对案例部分数据或信息进行调整或组合，以达到更好的练习效果。

任务2.1　注册用户账号

任务目标

熟悉"全国排污许可证管理信息平台公开端"页面，能够注册排污单位排污许可申请的用户账号，了解账号信息与排污单位的对应性质。

任务分析

"全国排污许可证管理信息平台公开端"是开展排污单位排污许可管理的重要工具，使用"全国排污许可证管理信息平台公开端"是开展排污许可管理的必要技能，熟悉平台页面后，注册用户账号是使用平台的第一步。

任务实施

熟悉注册用户账号所需填写的信息，结合案例资料进行注册练习，掌握在"全国排污许可证管理信息平台公开端"注册用户账号的能力。

2.1.1　进入注册页面

排污单位的排污许可证申请和证后管理是在"全国排污许可证管理信息平台公开端"进行，如图2-1所示，可以通过搜索引擎搜索"全国排污许可证管理信息平台"进入官网。建议使用高版本浏览器打开全国排污许可证管理信息平台。

要使用全国排污许可证管理信息平台，首先需注册账号。进入首页后通过单击橙色"网上申报"标签进入登录/注册的页面，如图2-2所示，单击"注册"按钮开始注册。

进入注册页面后会弹出一个对话框，如图2-3所示，提示"本系统为排污许可证正式申报系统，请勿填写测试数据，一经发现从严处理!"，如果要开始正式的排污许可申报工作，可单击"确定"后，使用排污单位真实信息按照提示步骤完成注册。

如果要做学习或测试工作，则不能使用正式填报平台，需要使用试填报平台，如图2-4所示。试填报平台与正式填报平台的主要区别有：网址不同；主页显示的排污单位信息较少或不显示；试填报平台可使用测试数据，但数据可能被不定期清除；试填报平台数据不能被提交审核，也不能导入正式填报平台。试填报平台和正式填报平台在使用方法上并无差别，只在数据管理方式上有部分差异，试填报平台是对正式填报平台的模拟，因此掌握了试填报

图 2-1　全国排污许可证管理信息平台公开端首页

图 2-2　全国排污许可证管理信息平台登录/注册页面

平台的使用就等于掌握了正式填报平台的使用。

2.1.2　填写注册信息

进入注册页面后,需要按提示完成注册信息的填写,如图 2-5 所示,其中标识红色"*"为必填信息,红色文字为说明。全国排污许可证管理信息平台的一个账号对应一个生产经营场所和一张排污许可证,同一法人单位或其他组织所有位于不同地点的单位需分别注

项目2　全国排污许可证管理信息平台的使用

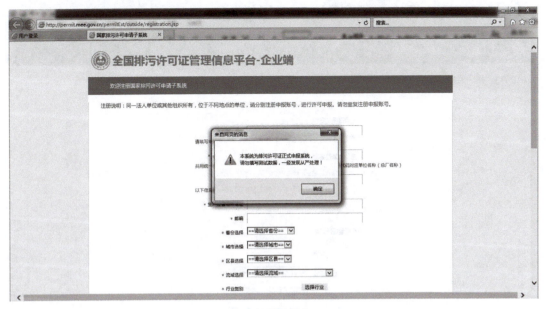

图 2-3　注册开始前的提示对话框

图 2-4　试填报平台

册申报账号，已注册过生产经营场所基本信息的不能再次注册，因此注册前应充分学习，注册时应反复核对。下面对每个注册信息做一些解释，以便正确完成注册。

1）申报单位名称：申请开展排污许可管理的生产经营场所名称，一般可参照营业执照填写。

2）总公司单位名称：生产经营场所为子公司或分厂的，需要填写总公司单位名称，若无总公司的，填入"/"代替。

排污许可管理技术

图 2-5 注册需要填写的信息

3）注册地址：生产经营场所的注册地址，一般可参照营业执照填写。

4）生产经营场所地址：生产经营场所所在地地址。生产经营场所地址与注册地址一致的填写注册地址，不一致的按实际地址填写。

5）邮编：生产经营场所所在地邮编。

6）省份选择：生产经营场所所在地省份。省份、城市、区县的选择对应排污许可管理的地方生态环境部门，请务必选择正确。

7）城市选择：生产经营场所所在地地级市。

8）区县选择：生产经营场所所在地区县。

9）流域选择：生产经营场所所在地流域。

10）行业类别：生产经营场所从事的主要行业类别，主要行业类别只能选择一个，需要按照《国民经济行业分类》（GB/T 4754—2017），结合排污单位的生产工艺、产品等信息判断正确行业类别后进行选择。

11）其他行业类别：生产经营场所从事的其他行业类别。若无，可空缺不填写。若有，则需要填写，其他行业类别可以选择多个，判断方法同上。

12）代码类型：选择代表生产经营场所的代码类型，单选，可参照营业执照填写，目前一般使用统一社会信用代码。

13）统一社会信用代码、组织机构代码/营业执照注册号：根据代码类型如实填写。

14）用户名：自拟，6~18个字符，可使用字母、数字、下划线。考虑注册账号与生产经营场所和排污许可证的对应关系，建议用户名能够与生产经营场所名称匹配，易于辨认。

15）密码：自拟，8~18个字符，必须包含大小写字母和数字的组合，可以包含特殊符号\、~、、!、@、#、^、*、_等。

16）确认密码：再次输入拟定的密码。

17）电子邮箱：填写一个已开通的邮箱，邮箱可用于用户找回密码，请确保填写正确。

18）备注：填写需要备注的事项，若无，可空缺不填写。

19）上传文件（统一社会信用代码/组织机构代码/营业执照注册号）：按照选择的代码类型上传佐证文件，只能上传png、gif、jpg、jpeg、jps格式的图片文件。一般可上传营业执照图片。

20）验证码：输入图示验证码。

填写完毕，确认信息正确后，单击"立即注册"按钮完成注册。如果填写的信息出现缺漏、重复、不合规等问题，在填写或单击"立即注册"按钮时在问题空格旁会出现红色提示对话框，解决相应问题后，再完成注册。注册完成后，建议将生产经营场所名称、生产经营场所代码、用户名、密码、电子邮箱等信息对应后存档，以免丢失。

注册完成后可输入账号、密码和验证码进行登录。

2.1.3 进行注册练习

案例1：佛山市南海区案例制冷设备厂

提示： 本案例数据不能在全国排污许可证管理信息平台正式填报平台上使用！

佛山市南海区案例制冷设备厂，位于广东省佛山市南海区，主要从事冷柜制造，有一条冷柜制造生产线，年产冷柜约 2500 台。按照《排污许可管理办法（试行）》和《固定污染源排污许可分类管理名录（2019 版）》要求，佛山市南海区案例制冷设备厂属于登记管理企业，不需要申领排污许可证，但需要进行登记并获得登记回执。为做好登记工作，佛山市南海区案例制冷设备厂初步提供了以下资料，请根据资料为该排污单位注册填报账号。

1. 企业基本信息

企业名称：佛山市南海区案例制冷设备厂；

法定代表人：张三；

联系人：张三，联系电话：13900000000；

企业注册地址：佛山市南海区里水镇某路 01 号；

企业建设地址：佛山市南海区里水镇某路 01 号；

占地面积：1800m^2，建筑面积：1900m^2；

总投资：200 万元，其中环保投资 3 万元；

投产日期：2019 年 5 月 21 日；

行业类别：C3464 制冷、空调设备制造。

2. 营业执照

佛山市南海区案例制冷设备厂提供的营业执照如图 2-6 所示。

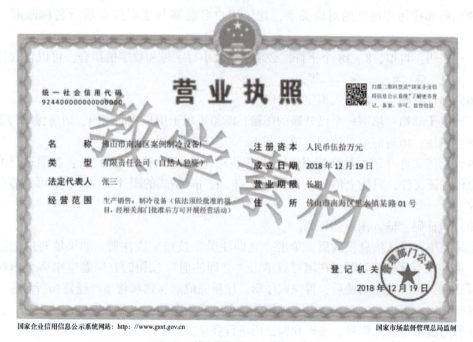

图 2-6 案例制冷设备厂营业执照

3. 生产工艺

佛山市南海区案例制冷设备厂工艺流程和产污环节如图 2-7 所示，主要包括开料、冲压、折弯、部分焊接、装配等，无电镀或喷气工序。

项目2 全国排污许可证管理信息平台的使用

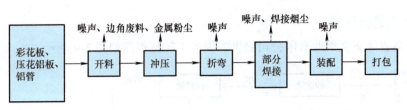

图 2-7 佛山市南海区案例制冷设备厂工艺流程和产污环节

案例 2：肇庆市高要区案例纸业有限公司

提示：本案例数据不能在全国排污许可证管理信息平台正式填报平台上使用！

肇庆市高要区案例纸业有限公司，位于广东省肇庆市高要区，主要从事纸板制造和销售，有一条造纸生产线和一台 4 蒸吨/小时（蒸吨为工程术语，符号为 t/h，1t/h＝0.7MW）的生物质锅炉。按照《排污许可管理办法（试行）》和《固定污染源排污许可分类管理名录（2019 版）》要求，肇庆市高要区案例纸业有限公司属于重点管理企业，需申领排污许可证。为开展排污许可证申领工作，肇庆市高要区案例纸业有限公司初步提供了以下资料，请根据资料为该排污单位注册填报账号。

1. 营业执照

肇庆市高要区案例纸业有限公司提供的营业执照如图 2-8 所示。

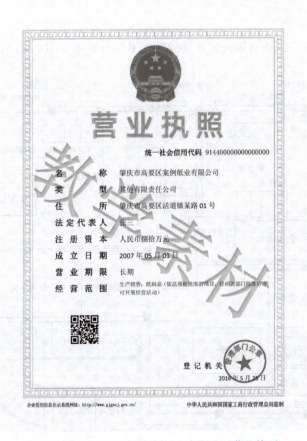

图 2-8 肇庆市高要区案例纸业有限公司营业执照

2. 生产工艺流程图

肇庆市高要区案例纸业有限公司提供的生产工艺流程图如图 2-9 所示。

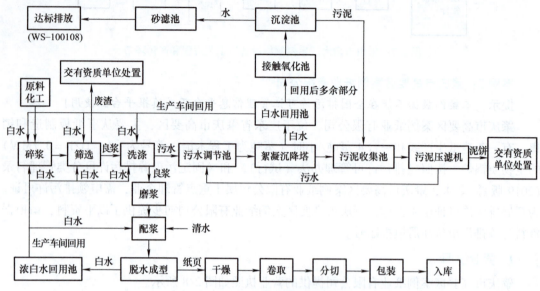

图 2-9　肇庆市高要区案例纸业有限公司生产工艺流程图

3. 厂区平面布置图

肇庆市高要区案例纸业有限公司提供的厂区平面布置图如图 2-10 所示。

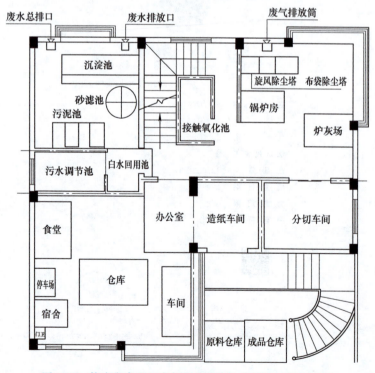

图 2-10　肇庆市高要区案例纸业有限公司厂区平面布置图

4. 主要污染物排放总量控制指标文件

肇庆市高要区案例纸业有限公司提供的主要污染物排放总量控制指标文件如图 2-11 所示。

管 理 部 门

管环字〔2017〕00 号

关于下达 2017 年主要污染物排放总量控制指标的通知

肇庆市高要区案例纸业有限公司：

　　为贯彻和落实国家、省、市对主要污染物排放实施总量控制的有关精神和规定，我局现下达 2017 年度主要污染物总量控制指标给你单位，具体分配指标为：化学需氧量（COD）30.46 吨，氨氮（NH_3-N）2.051 吨；二氧化硫（SO_2）5.78 吨，氮氧化物（NO_x）1.73 吨，请遵守执行。

管理部门
2017 年 5 月 5 日

图 2-11　肇庆市高要区案例纸业有限公司主要污染物排放总量控制指标文件

5. 生物质燃料检测报告

肇庆市高要区案例纸业有限公司提供的生物质燃料检测报告（部分）如图 2-12 所示。

6. 承诺书

肇庆市高要区案例纸业有限公司提供的承诺书如图 2-13 所示。

7. 信息公开情况说明表

肇庆市高要区案例纸业有限公司提供的信息公开情况说明表如图 2-14 所示。

河南省节能及燃气具产品质量监督检验中心

检 测 报 告

No. T12171　　　　　　　　　　　共2页 第2页

序号	项目	符号	单位	检测结果
1	全水分	M_t	%	7.67
2	空气干燥基水分	M_{ad}	%	2.48
3	收到基灰分	A_{ar}	%	4.36
4	收到基挥发分	V_{ar}	%	71.66
5	收到基固定碳	FC_{ar}	%	16.31
6	焦渣特性	CRC	/	1
7	空气干燥基全硫含量	$S_{t,ad}$	%	0.15
8	弹筒发热量	$Q_{b,ad}$	MJ/kg	18.02
			kcal/kg	4304
9	收到基低位发热量	$Q_{net,ar}$	MJ/kg	15.74
			kcal/kg	3759

图2-12　肇庆市高要区案例纸业有限公司生物质燃料检测报告（部分）

承诺书

肇庆市高要区环境保护局：

　　我单位已了解《排污许可管理办法（试行）》及其他相关文件规定，知晓本单位的责任、权力和义务。我单位对所提交排污许可证申请材料的完整性、真实性和合法性承担法律责任。我单位将严格按照排污许可证的规定排放污染物、规范运行管理、运行维护污染防治设施、开展自行监测、进行台账记录，并按时提交执行报告、及时公开信息。我单位一旦发现排放行为与排污许可证规定不符，将立即采取措施改正并报告环境保护主管部门。我单位将配合环境保护主管部门监管和社会公众监督，如有违法违规行为，将积极配合调查，并依法接受处罚。

　　特此承诺。

单位名称：肇庆市高要区案例纸业有限公司

法定代表人：张三

2017 年 5 月 3 日

图2-13　肇庆市高要区案例纸业有限公司承诺书

排污许可证申领信息公开情况说明表（试行）

<table>
<tr><td colspan="4" align="center">企业基本信息</td></tr>
<tr><td>1. 单位名称</td><td>肇庆市高要区案例纸业有限公司</td><td>2. 通信地址</td><td>广东省肇庆市高要区活道镇某路01号</td></tr>
<tr><td>3. 生产区所在地</td><td>广东省肇庆市高要区活道镇某路01号</td><td>4. 联系人</td><td>张三</td></tr>
<tr><td>5. 联系电话</td><td>0758-8440000</td><td>6. 传真</td><td>0758-8440001</td></tr>
<tr><td colspan="4" align="center">信息公开情况说明</td></tr>
<tr><td>信息公开起止时间</td><td colspan="3">2017年05月03日起至2017年05月08日止</td></tr>
<tr><td>信息公开方式</td><td colspan="3">公共网站</td></tr>
<tr><td>信息公开内容</td><td colspan="3">是否公开下列信息
☑排污单位基本信息
☑拟申请的许可事项
☑产排污环节
☑污染防治设施
☑其他信息_____

未公开内容的原因说明：</td></tr>
<tr><td>反馈意见处理情况</td><td colspan="3"></td></tr>
</table>

单位名称（加盖公章）：肇庆市高要区案例纸业有限公司

法定代表人（签字）：张三

日期：2017年5月3日

图 2-14　肇庆市高要区案例纸业有限公司信息公开情况说明表

任务 2.2　使用登记管理申请模块

任务目标

熟悉全国排污许可证管理信息平台各功能模块，能够使用排污登记模块功能，能够进行排污许可登记管理信息填报。

任务分析

登记管理是目前排污许可管理中较简单的管理类别，全国排污许可证管理信息平台中登记管理申请模块的使用和登记管理登记表的填写都相对容易，可以作为掌握全国排污许可证管理信息平台使用的过渡步骤。

任务实施

熟悉登记管理所需填写的信息，结合案例资料进行固定污染源排污登记表填报练习，掌握在全国排污许可证管理信息平台进行登记管理操作的能力。

2.2.1 使用排污许可证登记模块

按照《固定污染源排污许可分类管理名录（2019年版）》，属于登记管理的排污单位需要使用本申请模块。登记管理的排污单位不需要申领排污许可证，但仍需要进入全国排污许可证管理信息平台完成信息登记，获得登记回执。比起简化管理和重点管理，填报信息内容和工作流程均较简单。按照任务2.1注册账号后登录网站，进入全国排污许可证管理信息平台，开始登记排污单位信息。

进入全国排污许可证管理信息平台后，首先弹出通知公告对话框，如图2-15所示，通知公告对话框提供了部分公告信息、操作说明、培训视频等资源，可以按需下载。

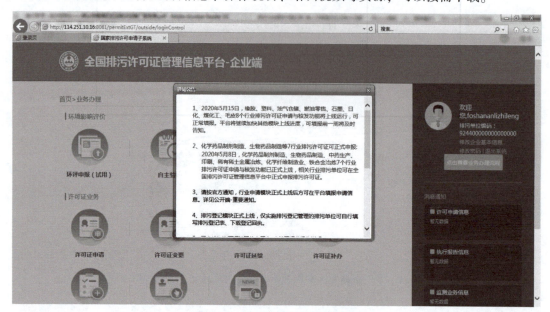

图2-15　弹出的通知公告对话框

浏览页面，发现与登记管理相关的模块有涉重登记和排污登记。一般排污单位使用排污登记模块，如图2-16所示。

单击进入排污登记模块，可以看到排污登记、登记变更、登记延续、登记注销四个模块，首次登记的排污单位需再选择一次排污登记，如图2-17所示。信息变更、登记延续或需要注销登记信息的排污单位可选择对应功能模块。

再次单击"排污登记"后，首次申请的需单击"申请登记"按钮，如图2-18所示。单击后，页面跳转至固定污染源排污登记表（以下简称"排污登记表"），如图2-19所示，排污登记表只有一张表格，且填写内容较为简略，按表格指引填写即可。

项目2　全国排污许可证管理信息平台的使用

图2-16　"排污登记"模块

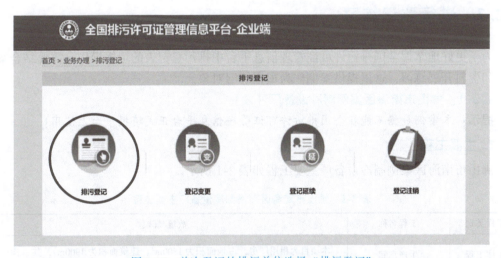

图2-17　首次登记的排污单位选择"排污登记"

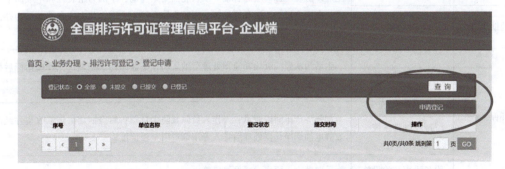

图2-18　首次登记的排污单位单击"申请登记"

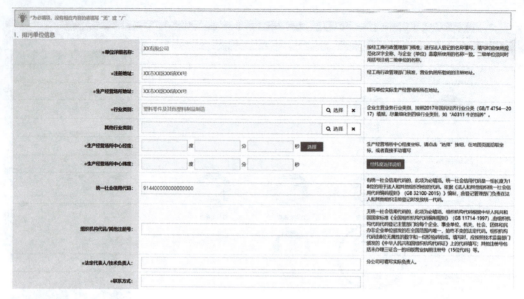

图 2-19 排污登记表（部分）

2.2.2 进行登记练习

为了更好地掌握全国排污许可证管理信息平台中排污登记表的填报操作，需要结合案例数据和资料开展练习，这里提供案例作为填报练习对象。

案例 1：佛山市南海区案例制冷设备厂（续）

提示：本案例数据不能在全国排污许可证管理信息平台正式填报平台上使用！

1. 主要工程

佛山市南海区案例制冷设备厂主要工程如表 2-1 所示。

表 2-1 佛山市南海区案例制冷设备厂主要工程

工程类别	工程名称	数量/规模
主体工程	生产车间	本项目为租用厂房，占地面积为 1800m^2，建筑面积为 1900m^2，共一栋一层生产厂房、一栋两层综合楼。项目北面为杂物间，中部为组装区和半成品堆放区，南面为机加工区和焊接区，西面为综合楼和仓库，其中综合楼首层为办公室和厨房，二层为宿舍
辅助工程	办公楼	
环保工程	污水处理系统	生活污水经三级化粪池预处理后纳入和桂工业园污水处理厂，处理达标后排入象安公涌
	废气处理系统	加强生产车间内通风；操作人员佩戴防尘口罩；厨房油烟由烟罩收集并经高效静电油烟净化器处理后排入专用烟道引至楼顶排放
	设备噪声防治设施	采取消声、隔声、减振等措施

(续)

工程类别	工程名称	数量/规模
公用工程	供电工程	由市政电网供电,年用电量为3.5万kW·h
	给水工程	新鲜用水由市政供水管网供给,年新鲜供水量约为240m³/a
	排水工程	生活污水(合计约216m³/a)经三级化粪池预处理后纳入和桂工业园污水处理厂,处理达标后排入象安公涌

2. 主要生产设备

佛山市南海区案例制冷设备厂主要生产设备如表2-2所示。

表2-2 佛山市南海区案例制冷设备厂主要生产设备

序号	名称	数量/台	型号/规格	备注
1	折弯机	4	WC67Y-2500	用于折弯工序
2	剪板机	2	QCQK-2500	用于开料工序
3	冲床	6	J23-25T、J23-16T、J23-12T	用于冲压工序
4	二氧化碳保护焊	1	/	用于焊接工序
5	组装流水线	2(条)	/	用于装配工序
6	排钻	1	/	用于冲压工序
7	切割机	2	/	用于开料工序
8	碰焊	2	/	用于焊接工序
9	压边机	1	/	用于折弯工序
10	螺杆空压机	2	/	辅助设备

3. 主要原辅材料及能源

佛山市南海区案例制冷设备厂主要原辅材料如表2-3所示,主要能源消耗如表2-4所示。

表2-3 佛山市南海区案例制冷设备厂主要原辅材料

序号	原辅材料名称	年耗量	来源	备注
1	彩花板	28t	外购	加工生产
2	压花铝板	3.8t	外购	加工生产
3	铝管	4t	外购	加工生产
4	塑料件	6.5t	外购	外购成品,直接用于装配
5	压缩机	3000个	外购	外购成品,直接用于装配
6	配件	3000套	外购	外购,主要为温控器、指示灯、五金配件、纸箱、泡沫、轮子等
7	无铅焊丝	0.2t	外购	焊接使用

表 2-4 佛山市南海区案例制冷设备厂主要能源消耗

序号	名称	年耗量	备注
1	电	3.5万 kW·h	市政供电
2	二氧化碳	0.1t	外购,最大储存量为0.05t

4. 污染防治措施

佛山市南海区案例制冷设备厂主要污染防治措施如表2-5所示。

表 2-5 佛山市南海区案例制冷设备厂主要污染防治措施

类型	内容			
	排放源(编号)	污染物名称	防治措施	预期治理效果
大气污染物	1#生产过程	焊接烟尘 金属粉尘	加强车间通风和工人防护措施	达到《大气污染物排放限值》(DB 44/T 27—2001)第二时段颗粒物无组织排放监控浓度限值要求
	2#饭堂厨房	油烟	由烟罩收集并经高效静电油烟净化器处理后排入专用排烟道引至楼顶排放	执行《饮食业油烟排放标准(试行)》(GB 18483—2001)中的小型规模的标准(1≤灶头数<3)即油烟最高允许排放浓度≤2mg/m³,总净化效率不低于60%)
水污染物	3#生活污水	COD_{cr} BOD_5 SS NH_3-N 动植物油	经三级化粪池预处理后纳入和桂工业园污水处理厂	经预处理达到《水污染物排放限值》(DB 44/26—2001)第二时段三级标准后经市政污水管网纳入和桂工业园污水处理厂,处理达到《城镇污水处理厂污染物排放标准》(GB 18918—2002)一级A标准及《水污染物排放限值》(DB 44/26—2001)中第二时段一级标准的较严值后排入象安公涌
固体废物	4#日常生活	生活垃圾	交由环卫部门统一清运处理	资源再生利用、减量化,符合环保有关要求,对周围环境不会造成影响
	5#生产过程	边角废料、沉降金属粉尘	交由物资回收单位回收利用	
噪声	6#生产过程	噪声	优化设备选择、合理布局,采取隔音、减振等措施	达到《工业企业厂界环境噪声排放标准》(GB 12348—2008)2类标准
其他			/	

生态保护措施及预期效果:
1. 做好外排水的治理达标排放工作,确保外排水均经有效处理后再排放,减少其对纳污水体水生生态环境的影响;
2. 确保本项目固体废弃物得到有效的收集处理,避免因收集处理不当引起的二次污染对项目所在地的陆生生态环境造成影响;
3. 加强绿化,保证一定的绿地面积,既可美化环境,又可吸尘降噪

5. 固定污染源排污登记表(样表)

登记管理的排污单位需填写的排污登记表样表如表2-6所示。

表2-6 固定污染源排污登记表（样表）

固定污染源排污登记表（样表）

（□首次登记　　□延续登记　　□变更登记）

单位名称（1）			
省份（2）		地市（3）	
区县（4）		注册地址（5）	
生产经营场所地址（6）			
行业类别（7）			
生产经营场所中心经度（8）	°　′　″	中心纬度（9）	°　′　″
统一社会信用代码（10）		组织机构代码/其他注册号（11）	
法定代表人/实际负责人（12）		联系方式	
生产工艺名称（13）	主要产品（14）	主要产品产能	计量单位
燃料使用信息　□有　□无			
燃料类别	燃料名称	使用量	单位
□固体燃料　□液体燃料　□气体燃料　□其他			□吨/年　□立方米/年
涉VOCs辅料使用信息（使用涉VOCs辅料1吨/年以上填写）（15）□有　□无			
辅料类别	辅料名称	使用量	单位
□涂料、漆 □胶 □有机溶剂　□油墨 □其他			□吨/年
废气　□有组织排放　□无组织排放　□无			
废气污染治理设施（16）	治理工艺		数量
排放口名称（17）	执行标准名称及标准号		数量
废水　□有　□无			
废水污染治理设施（18）	治理工艺		数量
排放口名称	执行标准名称及标准号	排放去向（19）	
		□不外排　□间接排放：排入(污水处理厂名称)　□直接排放：排入(水体名称)	

（续）

	工业固体废物	□有 □无	
工业固体废物名称	是否属于危险废物（20）		去向
	□是 □否		□贮存：□本单位/□送（单位名称） □处置：□本单位/□送（单位名称）进行 □焚烧/□填埋/□其他方式处置 □利用：□本单位/□送（单位名称）
其他需要说明的信息			

注：

（1）按经市场监督管理部门核准的法人登记名称填写，填写时应使用规范化汉字全称，与企业（单位）盖章所使用的名称一致。二级单位须同时用括号注明名称。

（2）、（3）、（4）指生产经营场所地址所在地省份、城市、区县。

（5）经市场监督管理部门核准，营业执照所载明的注册地址。

（6）排污单位实际生产经营场所所在地址。

（7）企业主营业务行业类别，按照 2017 年《国民经济行业分类》（GB/T 4754—2017）填报。尽量细化到四级行业类别，如"A0311 牛的饲养"。

（8）、（9）指生产经营场所中心经纬度坐标，应通过全国排污许可证管理信息平台中的 GIS 系统点选后自动生成经纬度。

（10）有统一社会信用代码的，此项为必填项。统一社会信用代码是一组长度为 18 位的用于法人和其他组织身份的代码。依据《法人和其他组织统一社会信用代码编码规则》（GB 32100—2015），由登记管理部门负责在法人和其他组织注册登记时发放统一代码。

（11）无统一社会信用代码的，此项为必填项。组织机构代码是根据中华人民共和国国家标准《全国组织机构代码编制规则》（GB 11714—1997），由组织机构代码登记主管部门给每个企业、事业单位、机关、社会团体和民办非企业单位颁发的在全国范围内唯一、始终不变的法定代码。组织机构代码由 8 位无属性的数字和一位校验码组成。填写时，应按照技术监督部门颁发的《中华人民共和国组织机构代码证》上的代码填写；其他注册号包括未办理三证合一的旧版营业执照注册号（15 位代码）等。

（12）分公司可填写实际负责人。

（13）指与产品、产能相对应的主要生产工艺。非生产类单位可不填。

（14）填报主要产品及其生产能力。生产能力填写设计产能，无设计产能的可填上一年实际产量。非生产类单位可不填。

（15）涉 VOCs 辅料包括涂料、油漆、胶粘剂、油墨、有机溶剂和其他含挥发性有机物的辅料，分为水性辅料和油性辅料，使用量应包含稀释剂、固化剂等添加剂的量。

（16）污染治理设施名称，对于有组织废气，污染治理设施名称包括除尘器、脱硫设施、脱硝设施、VOCs 治理设施等；对于无组织废气排放，污染治理设施名称包括分散式除尘器、移动式焊烟净化器等。

（17）指有组织的排放口，不含无组织排放。排放同类污染物、执行相同排放标准的排放口可合并填报，否则应分开填报。

（18）指主要污水处理设施名称，如"综合污水处理站""生活污水处理系统"等。

（19）指废水出厂界后的排放去向，不外排包括全部在工序内部循环使用、全厂废水经处理后全部回用不向外环境排放（畜禽养殖行业废水用于农田灌溉也属于不外排）；间接排放去向包括去工业园区集中污水处理厂、市政污水处理厂、其他企业污水处理厂等；直接排放包括进入海域、江河、湖、库等水环境。

（20）根据《危险废物鉴别标准》判定是否属于危险废物。

项目2　全国排污许可证管理信息平台的使用

任务 2.3　使用重点/简化管理申请模块

任务目标

熟悉全国排污许可证管理信息平台各功能模块，能够使用许可证申请模块功能，能够进行排污许可重点/简化管理的信息填报。

任务分析

重点/简化管理的排污单位是排污许可的主要关注对象，使用重点/简化管理申请模块填报排污许可申请表是排污许可证申请的重点和难点。排污许可申请表内容较多，涉及技术要点繁杂，因此填报技能需反复训练。

任务实施

熟悉重点/简化管理所需填写的信息，结合案例资料进行排污许可证申请表填报练习，掌握在全国排污许可证管理信息平台进行许可证申请操作的能力。

2.3.1　使用排污许可证申请模块

根据《固定污染源排污许可分类管理名录（2019年版）》，属于重点管理和简化管理的排污单位需要使用本申请模块。比起简化管理，重点管理需要开展申报前信息公开，其他申请流程大致相同。按照任务2.1注册账号后，登录进入全国排污许可证管理信息平台，开始排污许可证申请数据填报。

进入全国排污许可证管理信息平台后，浏览页面，如图2-20所示，发现与排污许可证管理相关的模块有许可证申请、许可证变更、许可证延续、许可证补办、信息公开、台账记录、执行报告、监测记录等，申请和证后管理的进度信息在消息通知栏可以查看。其中排污许可证申请主要使用许可证申请模块，取得排污许可证后需要变更、延续、补办（挂失）的使用许可证变更、许可证延续、许可证补办模块，取得排污许可证后开展证后管理的使用信息公开、台账记录、执行报告、监测记录等。

大部分功能模块需要在取得排污许可证之后才能有效使用，因此我们首先学习许可证申请模块的使用。单击进入"许可证申请"模块，页面跳转，又出现首次申请、补充申请和整改后申请三个功能模块，如图2-21所示，每个模块下方均有文字说明各模块功能。

1）首次申请：适用于排污单位首次在本系统中申请排污许可证。

2）补充申请：适用于排污单位已在本系统中申请排污许可证，但需要补充申请不同行业的内容情况。应注意前提是"已在本系统中申请排污许可证"，还未取得排污许可证的，即使有多个不同行业，也应该在"首次申请"时同时申请。

3）整改后申请：适用于已发整改通知书但未核发排污许可证的企业整改后申报。

这里主要学习首次申请模块的使用。单击进入"首次申请"模块，页面跳转显示该账

图 2-20　首次申请排污许可证的使用"许可证申请"模块

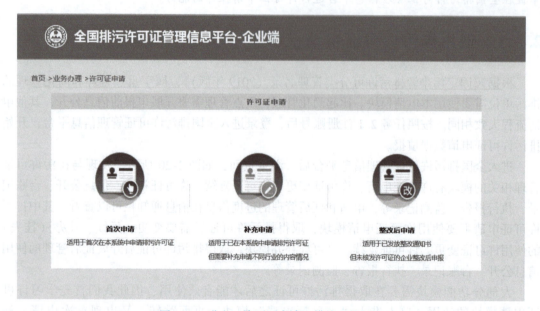

图 2-21　进入"许可证申请"模块后的页面

号对应的排污单位许可证申请进度信息,第一次填报的暂无数据,需要单击"我要申报"新建排污单位的许可证申请表,如图 2-22 所示。再次登录到该页面时显示"继续申报"或"删除",可以按需操作,如图 2-23 所示。

单击"我要申报"后,页面发生跳转或生成新的标签页,进入"阅读填报指南"页面。填报指南中共有 9 条提示信息,如图 2-24 所示,建议逐条阅读。其中最需要注意的有:第 1 条,排污许可证申请表各表格存在先后逻辑,需按照左侧列表顺序填写;第 2 条和第 3 条,不同行业申请表表单是不同的,需将行业类别填报正确、齐全,填报时应注意行业选择,依

项目2 全国排污许可证管理信息平台的使用

图 2-22 进入"首次申请"模块后的页面

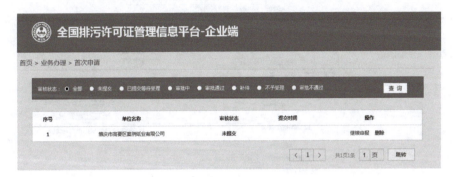

图 2-23 已新建申请表的页面

图 2-24 填报指南中的提示信息

次填报；第 7 条，申请表填报完成后谨慎提交，应依据《排污许可证管理办法（试行）》及地方生态环境部门有关规定，确定提交、审核和审批等事宜。

阅读完毕后单击"已阅读填报指南"并确认，页面生成"排污单位基本情况"表，如图 2-25 所示。本表主要填写该排污单位的基本情况，填写完毕后会根据本表填写情况生成申请表的其他表单。本表红色"*"为必填项,右边蓝色字体为解释说明,注册时填写的部分基本情况已自动载入,如有错漏,此处还可修改。

图2-25 排污单位基本情况表

完成必要数据填报和保存后，单击"下一步"，系统会根据基本情况表填报的信息生成其他表单，内容与该行业排污许可申请表（样表）内容一致。所有的表单在窗口左边排成一列，如图2-26所示，需要填报人员依次完成，在提交前，填报的信息可以暂存和修改。

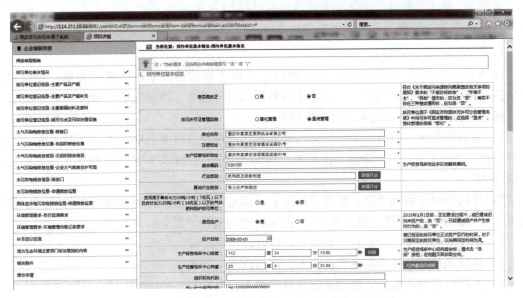

图2-26　完成排污单位基本情况表后生成的所有表单

一般行业均需填报的申请表表单有：
1）排污单位基本情况。
2）排位单位登记信息——主要产品与产能。
3）排位单位登记信息——主要原辅材料及燃料。
4）排位单位登记信息——排污节点及污染治理设施。
5）大气污染物排放信息——排放口。
6）大气污染物排放信息——有组织排放信息。
7）大气污染物排放信息——无组织排放信息。
8）大气污染物排放信息——企业大气排放总许可量。
9）水污染物排放信息——排放口。
10）水污染物排放信息——申请排放信息。
11）固体废弃物污染物排放信息——申请排放信息。
12）环境管理要求——自行监测要求。
13）环境管理要求——环境管理台账记录要求。
14）补充登记信息。
15）地方生态环境主管部门依法增加的内容。
16）相关附件。

2.3.2　进行申请练习

为更好地掌握全国排污许可证管理信息平台中排污许可申请表各表单的填报操作，需要结合案例数据和资料进行填报练习，这里提供案例作为填报练习对象。本案例主要支撑排污许可申请表各表单填报操作训练，为提高训练效率，只给出必要的排污单位数据和资料，并非完整的信息。

案例2：肇庆市高要区案例纸业有限公司（续）

提示：本案例数据不能在全国排污许可管理信息平台正式填报平台上使用！

1. 排污单位基本情况

按照表2-7填写全国排污许可证管理信息平台"排污单位基本信息"表单。填报过程中应适时单击最下方的"暂存"，防止填报数据因意外丢失，填报完毕后单击"下一步"。

排污单位基本信息表需要填报的项目有：

1）是否需改正：符合《关于固定污染源排污限期整改有关事项的通知》要求的"不能达标排放""手续不全""其他"情形的，应勾选"是"；确实不存在三种整改情形的，应勾选"否"。

2）排污许可证管理类别：排污单位属于《固定污染源排污许可分类管理名录》中排污许可重点管理的，应选择"重点管理"，简化管理的选择"简化管理"。

3）单位名称：按注册信息自动载入，可修改。

4）注册地址：按注册信息自动载入，可修改。

5）生产经营场所地址：按注册信息自动载入，可修改。

6）邮政编码：按注册信息自动载入，可修改。

7）行业类别：按注册信息自动载入，可修改。

8）其他行业类别：按注册信息自动载入，可修改。

9）是否属于单台出力10吨/小时（7兆瓦）以下且合计出力20吨/小时（14兆瓦）以下的气体燃料锅炉排污单位：按实际情况选择"是"或"否"。如选"是"，则需要填写"实施简化管理的气体燃料锅炉排污单位申请信息"表。

10）是否投产：按实际情况选择"是"或"否"。如选"是"，则需要选择投产日期。

11）生产经营场所中心经度/纬度：按实际情况选择生产经营场所中心的经度和纬度。单击"选择"按钮，进入"选择坐标"对话框，如图2-27所示，在其中的"位置信息"对话框中单击"拾取"，在电子地图上找到相应位置，结束拾取并单击"确定"，即可载入经度和纬度信息。

图2-27 经纬度选择页面

12）组织机构代码：按注册信息自动载入，可修改；若无，可填"无"或"/"。

13）统一社会信用代码：按注册信息自动载入，可修改；若无，可填"无"或"/"。

14）法定代表人（主要负责人）：按实际情况填写。

15）技术负责人：按实际情况填写。

16）固定电话：按实际情况填写。

17）移动电话：按实际情况填写。

18）所在地是否属于大气重点控制区：按实际情况选择"是"或"否"。重点控制区范围可单击"重点控制区域"按钮查询。

19）所在地是否属于总磷控制区：按实际情况选择"是"或"否"。依据为《国务院关于印发"十三五"生态环境保护规划的通知》（国发〔2016〕65号）以及生态环境部相关文件中确定的需要对总磷进行总量控制的区域。

20）所在地是否属于总氮控制区：按实际情况选择"是"或"否"。依据为《国务院关于印发"十三五"生态环境保护规划的通知》（国发〔2016〕65号）以及生态环境部相关文件中确定的需要对总氮进行总量控制的区域。

21）所在地是否属于重金属污染物特别排放限值实施区域：按实际情况选择"是"或"否"。重金属污染物特别排放限值实施区域范围可单击"特排区域清单"按钮查询。

22）是否位于工业园区：按实际情况选择"是"或"否"，这里的工业园区是指各级人民政府设立的工业园区、工业集聚区等。如选择"是"，则还需选择所属工业园区名称或编码。

23）是否有环评审批文件：按实际情况选择"是"或"否"。如选择"是"，则还需填写环境影响评价审批文件文号；如有多个环境影响评价审批文件的，需单击"添加文号"，填写所有环境影响评价审批文件文号。

24）是否有地方政府对违规项目的认定或备案文件：按实际情况选择"是"或"否"。如选择"是"，则还需填写认定或备案文件文号。

25）是否有主要污染物总量分配计划文件：按实际情况选择"是"或"否"。如选择"是"，则还需填写总量分配计划文件文号，并按照总量分配文件选择和填写污染物总量指标。总量一般由生态环境主管部门分配，常见的含有总量分配信息文件有单独出具的总量分配计划文件、环境影响评价批复文件、已有的排污许可证、排污交易信息等。

26）废气废水污染物控制指标（大气污染物控制指标、水污染物控制指标）：如在"是否有主要污染物总量分配计划文件"中选择了"是"，则需填写本部分，控制指标和数量按照总量分配计划文件填写即可。二氧化硫和氮氧化物为默认的大气污染物控制指标，化学需氧量和氨氮是默认的水污染物控制指标，有其他指标的应添加。

表2-7　案例2表1排污单位基本信息表

单位名称	肇庆市高要区案例纸业有限公司	注册地址	肇庆市高要区活道镇某路01号
生产经营场所地址	肇庆市高要区活道镇某路01号	邮政编码（1）	526100
行业类别	机制纸及纸板制造，锅炉	是否投产（2）	是
投产日期（3）	2009-03-01		
生产经营场所中心经度（4）	自定义	生产经营场所中心纬度（5）	自定义

（续）

单位名称	肇庆市高要区案例纸业有限公司	注册地址	肇庆市高要区活道镇某路01号
组织机构代码		统一社会信用代码	914400000000000000
技术负责人	李四	联系电话	13500000000
所在地是否属于大气重点控制区（6）	是	所在地是否属于总磷控制区（7）	否
所在地是否属于总氮控制区（7）	否	所在地是否属于重金属污染特别排放限值实施区域（8）	否
是否位于工业园区（9）	否	所属工业园区名称	
是否有环评审批文件	是	环境影响评价审批文件文号或备案编号（10）	管环建〔2006〕000号
是否有地方政府对违规项目的认定或备案文件（11）	否	认定或备案文件文号	
是否需要改正（12）	否	排污许可证管理类别（13）	重点管理
是否有主要污染物总量分配计划文件（14）	是	总量分配计划文件文号	管环字〔2017〕00号
氨氮（NH$_3$-N）总量控制指标（t/a）	2.05		
化学需氧量总量控制指标（t/a）	30.46		
氮氧化物总量控制指标（t/a）	1.73		
二氧化硫总量控制指标（t/a）	5.78		

2. 排污单位登记信息

（1）主要产品及产能

按照表2-8填写全国排污许可证管理信息平台"排污单位登记信息-主要产品及产能"表单。填报过程中应适时单击最下方的"暂存"按钮，防止填报数据因意外丢失，填报完毕后单击"下一步"。本案例所属行业不需填写"排污单位登记信息-主要产品及产能补充"表单，可直接单击"下一步"跳过该表单。

不同行业类别的"主要产品及产能信息表"可能不同，填写时应注意先选择好行业类别。生产设施一般应逐个填写、单独编号，生产设施名称和设施参数名称尽量从下拉菜单中选择。同种生产设施有多个的，可以复制填写该生产设施信息。

（2）主要原辅材料及燃料

按照表2-9填写全国排污许可证管理信息平台"排污单位登记信息-主要原辅材料及燃

表 2-8 案例 2 表 2 主要产品及产能信息表

序号	主要生产单元名称	主要工艺名称(1)	生产设施名称(2)	生产设施编号	设施参数(3) 参数名称	设施参数(3) 设计值	设施参数(3) 计量单位	其他设施参数信息	产品名称(4)	生产能力(5)	计量单位(6)	设计年生产时间(h)(7)	其他产品信息	其他工艺信息
1	造纸生产线	造纸	造纸-圆网造纸机	DHZZ001	产量	5000	t/a		生活用纸	10000	t/a	7920		
					车速	250	m/min							
					抄宽	1760	mm							
			造纸-圆网造纸机	DHZZ002	产量	5000	t/a							
					车速	250	m/min							
					抄宽	1760	mm							
			造纸-圆网造纸机	DHZZ003	产量	5000	t/a							
					车速	250	m/min							
					抄宽	1760	mm							
2	公用单元	辅助系统	储存系统-原料仓库	DHYL001	面积	876.96	m²							
			污水处理站	DHWSCL001	流量	50	m³/h	生化处理						
					流量	150	m³/h	物化处理						

序号	主要生产单元名称	主要工艺名称(1)	生产设施名称(2)	生产设施编号	是否为备用锅炉	设施参数(3) 参数名称	设施参数(3) 设计值	设施参数(3) 计量单位	其他设施参数信息	产品名(介质)称(4)	生产能力(5)	计量单位(6)	设计年生产时间/h(7)	其他产品信息	其他工艺信息
1	热力生产单元	燃烧系统	燃生物质锅炉	DHGL001	否	锅炉额定出力	4	t/h		蒸汽	4	t/h	7920		

料"表单。填报过程中应适时单击最下方的"暂存"按钮,防止填报数据因意外丢失,填报完毕后单击"下一步"。

填写时应注意区分原料和辅料以及燃料年最大使用量的计量单位为万 t/a 或万 m³/a。

表 2-9　案例 2 表 3 主要原辅材料及燃料信息表

序号	种类(1)	名称(2)	年最大使用量	计量单位(3)	硫元素占比(%)	有毒有害成分及占比(4)	其他信息
原料及辅料							
1	辅料	聚丙烯酰胺	5	t/a	/	/	
2	辅料	氢氧化钠(烧碱)	32	t/a	/	/	
3	原料	废纸	8000	t/a	/	/	
4	原料	商品浆-针叶浆	3000	t/a	/	/	
5	原料	水	265467	t/a	/	/	
燃料							
序号	燃料名称	灰分(%)	硫(%)	挥发分(%)	热值(MJ/kg、MJ/m³)	年最大使用量(万 t/a、万 m³/a)	其他信息
1	生物质燃料	4.36	0.15	71.66	15.74	0.3	

(3) 产排污节点、污染物及污染治理设施

按照表 2-10 和表 2-11 填写全国排污许可证管理信息平台"排污单位登记信息-排污节点及污染治理设施"表单。填报过程中应适时单击最下方的"暂存"按钮,防止填报数据因意外丢失,填报完毕后单击"下一步"。

填写时应注意,废气部分的主要生产单元名称、生产设施编号和名称、对应产污环节名称、污染物种类、排放形式、污染治理设施、排放口信息是对应关系,废水部分的废水类别、污染防治设施、排放口信息也是对应关系。

3. 大气污染物排放

(1) 排放口

按照表 2-12 和表 2-13 填写全国排污许可证管理信息平台"大气污染物排放信息-排放口"表单。填报过程中应适时单击最下方的"暂存"按钮,防止填报数据因意外丢失,填报完毕后单击"下一步"。

填写时应注意,排放口地理坐标指排气筒所在地经度和纬度坐标,可通过在全国排污许可证管理信息平台中点选 GIS 系统后自动生成经度和纬度,国家或地方污染物排放标准应在下拉菜单中选择。

(2) 有组织排放信息

按照表 2-14 填写全国排污许可证管理信息平台"大气污染物排放信息-有组织排放信息"表单。填报过程中应适时单击最下方的"暂存"按钮,防止填报数据因意外丢失,填报完毕后单击"下一步"。

(3) 无组织排放信息

按照表 2-15 填写全国排污许可证管理信息平台"大气污染物排放信息-无组织排放信息"表单。填报过程中应适时单击最下方的"暂存"按钮,防止填报数据因意外丢失,填报完毕后单击"下一步"。

表 2-10 案例2表4 废气产排污节点、污染物及污染治理设施信息表

序号	主要生产单元名称	生产设施编号(1)	生产设施名称(1)	对应产污环节名称(2)	污染物种类(3)	排放形式(4)	污染治理设施编号	污染治理设施名称(5)	污染治理设施其他信息	有组织排放口编号(6)	有组织排放口名称	排放口设置是否符合要求(7)	排放口类型	其他信息
1	热力生产单元	DHGL001	燃生物质锅炉	烟气	二氧化硫	有组织	DHFQ003	双碱法		FQ00110	锅炉排放口	是	一般排放口	
				烟气	烟尘	有组织	DHFQ001、DHFQ002	除尘系统	旋风除尘、布袋除尘	FQ00110	锅炉排放口	是	一般排放口	

表 2-11 案例2表5 废水类别、污染物及污染治理设施信息表

序号	废水类别(1)	污染物种类(2)	污染防治设施编号	污染防治设施名称(5)	污染防治工艺	是否为可行技术	污染防治设施其他信息	排放去向	排放方式	排放规律(4)	排放口编号(6)	排放口名称	排放口设置是否符合要求(7)	排放口类型	其他信息
1	造纸废水	化学需氧量、氨氮(NH_3-N)	DHWS003	工业废水系统	气浮	是		不外排	无						
2	综合废水(洗涤筛选废水、生活污水、初期雨水)	化学需氧量、氨氮(NH_3-N)	DHWS002	工业废水系统	混凝沉淀、生物接触氧化、砂滤	是		直接进入江河、湖、库等水环境	直接排放	连续排放,流量稳定	WS0010	废水排放口	是	主要排放口-总排口	回用到生产环节

表 2-12 案例 2 表 6 大气排放口基本情况表

序号	排放口编号	排放口名称	排放口地理坐标（1）		排气高度（m）	排气筒出口内径（m）（2）	排气温度（℃）	其他信息
			经度	纬度				
			（自定义）	（自定义）				
1	FQ00110	锅炉排放口			36	0.65	55	

表 2-13 案例 2 表 7 废气污染物排放执行标准表

序号	排放口编号	排放口名称	污染物种类	国家或地方污染物排放标准（1）			环境影响评价批复要求（2）	承诺更加严格排放限值（3）	其他信息
				名称	浓度限值	速率限值（kg/h）			
1	FQ00110	锅炉排放口	二氧化硫	《锅炉大气污染物排放标准》DB 44/765—2019	35mg/Nm³	/	35mg/Nm³	/mg/Nm³	
2	FQ00110	锅炉排放口	烟尘	《锅炉大气污染物排放标准》DB 44/765—2019	20mg/Nm³	/	20mg/Nm³	/mg/Nm³	

表 2-14 案例 2 表 8 大气污染物有组织排放表

序号	排放口编号	排放口名称	污染物种类	申请许可排放浓度限值	申请许可排放速率限值（kg/h）	申请年许可排放量限值（t/a）					申请特殊排放浓度限值（1）	申请特殊时段许可排放量限值（2）
						第一年	第二年	第三年	第四年	第五年		
主要排放口												
主要排放口合计			颗粒物								/	/
			SO_2								/	/
			NO_x								/	/
			VOCs								/	/

序号	排放口编号	污染物	浓度限值		一般排放口		
1	FQ00110	二氧化硫	35mg/Nm³	/	/	/mg/Nm³	/
2	FQ00110	烟尘	20mg/Nm³	/	/	/mg/Nm³	/
一般排放口合计		颗粒物					
		SO₂					
		NOₓ					
		VOCs					
全厂有组织排放总计（3）		颗粒物					
		SO₂					
		NOₓ					
		VOCs					

主要排放口备注信息

一般排放口备注信息

全厂排放口备注信息

申请年排放量限值计算过程：（包括方法、公式、参数选取过程，以及计算结果的描述等内容）
无
申请特殊时段许可排放量限值计算过程：（包括方法、公式、参数选取过程，以及计算结果的描述等内容）
无

表 2-15 案例 2 表 9 大气污染物无组织排放表

序号	生产设施编号/无组织排放编号	产污环节(1)	污染物种类	主要污染防治措施	国家或地方污染物排放标准		其他信息	年许可排放量限值 (t/a)					申请特殊时段许可排放量限值
					名称	浓度限值 (mg/Nm³)		第一年	第二年	第三年	第四年	第五年	
1	厂界		臭气浓度	密闭	《恶臭污染物排放标准》GB 14554—1993	20mg/Nm³		/	/	/	/	/	/
2	厂界		硫化氢	密闭	《恶臭污染物排放标准》GB 14554—1993	0.06mg/Nm³		/	/	/	/	/	/
全厂无组织排放总计			颗粒物										
			SO₂										
			NOₓ										
			VOCs										
全厂无组织排放总计													

（4）企业大气排放总许可量

按照表2-16填写全国排污许可证管理信息平台"大气污染物排放信息-企业大气排放总许可量"表单，本表单主要通过计算自动获取数据。填报过程中应适时单击最下方的"暂存"按钮，防止填报数据因意外丢失，填报完毕后单击"下一步"。

填写时应注意，本表单关联前面表格生成，一般不需要手动填写，只需进行合规性检查和进行是否需要"按月细化"判断。

4. 水污染物排放

（1）排放口

按照表2-17、表2-18和表2-21填写全国排污许可证管理信息平台"水污染物排放信息-排放口"表单。填报过程中应适时单击最下方的"暂存"按钮，防止填报数据因意外丢失，填报完毕后单击"下一步"。表2-19和表2-20填写方法与表2-17类似，这里暂不提供数据。

（2）申请排放信息

按照表2-22填写全国排污许可证管理信息平台"水污染物排放信息-申请排放信息"表单。填报过程中应适时单击最下方的"暂存"按钮，防止填报数据因意外丢失，填报完毕后单击"下一步"。

5. 噪声排放信息

按照表2-23填写全国排污许可证管理信息平台"地方生态环境主管部门依法增加的内容"表单。填报过程中应适时单击最下方的"暂存"按钮，防止填报数据因意外丢失，填报完毕后单击"下一步"。

6. 固体废物排放信息

按照表2-24填写全国排污许可证管理信息平台"固体废弃污染物排放信息-申请排放信息"表单。填报过程中应适时单击最下方的"暂存"按钮，防止填报数据因意外丢失，填报完毕后单击"下一步"。

7. 环境管理要求

（1）自行监测

按照表2-25填写全国排污许可证管理信息平台"环境管理要求-自行监测要求"表单。填报过程中应适时单击最下方的"暂存"按钮，防止填报数据因意外丢失，填报完毕后单击"下一步"。

（2）环境管理台账记录

按照表2-26填写全国排污许可证管理信息平台"环境管理要求-环境管理台账记录要求"表单。填报过程中应适时单击最下方的"暂存"按钮，防止填报数据因意外丢失，填报完毕后单击"下一步"。

8. 补充登记信息

本案例排污单位不需要填写表2-27补充登记信息的各个表单，单击"下一步"跳过。

表 2-16 案例 2 表 10 企业大气排放总许可量

序号	污染物种类	第一年（t/a）	第二年（t/a）	第三年（t/a）	第四年（t/a）	第五年（t/a）
1	颗粒物	/	/	/	/	/
2	SO_2	/	/	/	/	/
3	NO_x	/	/	/	/	/
4	VOCs	/	/	/	/	/
企业大气排放总许可量备注信息						

表 2-17 案例 2 表 11 废水直接排放口基本情况表

序号	排放口编号	排放口名称	排放口地理坐标（1）		排放去向	排放规律	间歇排放时段	受纳自然水体信息		汇入受纳自然水体处地理坐标（4）		其他信息
			经度	纬度				名称（2）	受纳水体功能目标（3）	经度	纬度	
1	WS0010	废水排放口	（自定义）	（自定义）	直接入江河、湖、库等水环境	间断排放，排放期间流量不稳定且无规律，但不属于冲击型排放	/	横江河	IV 类	（自定义）	（自定义）	

表 2-18 案例 2 表 11-1 入河排污口信息表

序号	排放口名称	排放口编号	入河排污口		其他信息
			名称	编号	批复文号
1	废水排放口	WS0010	废水排放口	WS0010	管环字 [2006] 00 号

表2-19 案例2 表11-2 雨水排放口基本情况表

序号	排放口编号	排放口名称	排放口地理坐标（1）		排放去向	排放规律	间歇排放时段	受纳自然水体信息		汇入受纳自然水体处地理坐标（4）		其他信息
			经度	纬度				名称（2）	受纳水体功能目标（3）	经度	纬度	

表2-20 案例2 表12 废水间接排放口基本情况表

序号	排放口编号	排放口名称	排放口地理坐标（1）		排放去向	排放规律	间歇排放时段	受纳污水处理厂信息				其他信息
			经度	纬度				名称（2）	污染物种类	排水协议规定的浓度限值	国家或地方污染物排放标准浓度限值	

表2-21 案例2 表13 废水污染物排放执行标准表

序号	排放口编号	排放口名称	污染物种类	国家或地方污染物排放标准名称	国家或地方污染物排放标准（1）浓度限值	排水协议规定的浓度限值（如有）	环境影响评价批复要求	承诺更加严格排放限值	其他信息
1	WS0010	废水排放口	化学需氧量	制浆造纸工业水污染物排放标准 GB 3544—2008	50mg/L	/mg/L	50mg/L	/mg/L	
2	WS0010	废水排放口	氨氮（NH_3-N）	制浆造纸工业水污染物排放标准 GB 3544—2008	5mg/L	/mg/L	5mg/L	/mg/L	

排污许可管理技术

表 2-22 案例 2 表 14 废水污染物排放

序号	排放口名称	排放口编号	污染物种类	申请排放浓度限值	申请年排放量限值（t/a）(1)					申请特殊时段排放量限值
					第一年	第二年	第三年	第四年	第五年	
主要排放口
1	废水排放口	WS0010	化学需氧量 COD$_{cr}$	50mg/L	20	20	20	/	/	/
2	废水排放口	WS0010	氨氮（NH$_3$-N）氨氮	5mg/L	2	2	2	/	/	/
主要排放口合计			COD$_{cr}$		20	20	20	/	/	/
			氨氮		2	2	2	/	/	/
一般排放口
一般排放口合计			COD$_{cr}$							
			氨氮							
全厂排放口
全厂排放口总计			COD$_{cr}$		20	20	20	/	/	/
			氨氮		2	2	2	/	/	/

主要排放口备注信息

一般排放口备注信息

全厂排放口备注信息

申请年排放量限值计算过程：（包括方法、公式、参数选取过程，以及计算结果的描述等内容）
详见附件

申请特殊时段许可排放量限值计算过程：（包括方法、公式、参数选取过程，以及计算结果的描述等内容）
无

表 2-23 案例 2 表 15 噪声排放信息

噪声类别	生产时段		执行排放标准名称	厂界噪声排放限值		备注
	昼间	夜间		昼间, dB (A)	夜间, dB (A)	
稳态噪声	06:00~22:00	22:00~06:00	《工业企业厂界环境噪声排放标准》(GB 12348—2008)	65	55	
频发噪声						
偶发噪声						

表 2-24 案例 2 表 16 固体废物排放信息

固体废物来源	固体废物名称	固体废物种类	固体废物类别	固体废物描述	固体废物产生量 (t/a)	处理方式	处理去向				其他信息
							自行贮存量 (t/a)	自行利用 (t/a)	自行处置 (t/a)	转移量 (t/a)	
固体废物来源	固体废物名称	固体废物种类	固体废物类别	固体废物描述	固体废物产生量 (t/a)	处理方式				委托利用量	委托处置量
热力生产单元	灰渣	生物质炉灰	一般工业固体废物	/	200	委托处置	/	/	/	/	200

委托利用、委托处置

固体废物名称	固体废物类别	委托单位名称	危险废物利用和处置单位危险废物经营许可证编号	排放量 (t/a)
灰渣	一般工业固体废物	肇庆市某有限公司		0

自行处置

序号	固体废物来源	固体废物名称	固体废物类别	自行处置描述

表 2-25 案例 2 表 17 自行监测及记录信息表

序号	污染源类别/监测类别	排放口编号/监测点位	排放口名称/监测点位名称	监测内容(1)	污染物名称	监测设施	自动监测是否联网	自动监测仪器名称	自动监测设施安装位置	自动监测设施是否符合安装、运行、维护等管理要求	手工监测采样方法及个数(2)	手工监测频次(3)	手工测定方法(4)	其他信息
1	废气	FQ00110	锅炉排放口	烟气温度,烟气压力,氧含量,烟气量	二氧化硫	手工					连续采样	1次/月	《固定污染源排气中二氧化硫的测定碘量法》HJ/T 56—2000	
2	废气	FQ00110	锅炉排放口	烟气温度,烟气压力,氧含量,烟气量	烟尘	手工					连续采样	1次/月	《固定污染源排气中颗粒物测定与气态污染物采样方法》GB/T 16157—1996	

项目2 全国排污许可证管理信息平台的使用

(续)

序号	污染源类别/监测类别	排放口编号/监测点位	排放口名称/监测点位名称	监测内容(1)	污染物名称	监测设施	自动监测是否联网	自动监测仪器名称	自动监测设施安装位置	自动监测设施是否符合安装、运行、维护等管理要求	手工监测采样方法及个数(2)	手工监测频次(3)	手工测定方法(4)	其他信息
3	废水	WS0010	废水排放口	流量	化学需氧量	手工					混合采样至少3个混合样	1次/日	《水质 化学需氧量的测定 快速消解分光光度法》HJ/T 399—2007,《水质 化学需氧量的测定 重铬酸盐法》HJ 828—2017	
4	废水	WS0010	废水排放口	流量	氨氮(NH$_3$-N)	手工					混合采样至少3个混合样	1次/日	《水质 氨氮的测定 水杨酸分光光度法》HJ 536—2009,《水质 氨氮的测定 纳氏试剂分光光度法》HJ 535—2009,《水质 氨氮的测定 气相分子吸收光谱法》HJ/T 195—2005	

监测质量保证与质量控制要求:
暂无
监测数据记录、整理、存档要求:
暂无

表 2-26　案例 2 表 18 环境管理台账信息表

序号	类别	记录内容	记录频次	记录形式	其他信息
1	基本信息	主要包括企业名称、生产经营场所地址、行业类别、法定代表人、统一社会信用代码、产品名称、生产工艺、生产规模、环保投资、排污权交易文件、环境影响评价审批意见及排污许可证编号等	对于未发生变化的基本信息，按年记录，1次/年；对于发生变化的基本信息，在发生变化时记录	电子台账+纸质台账	保存期限不低五年
2	监测记录信息	样品采集、保存、现场测试与实验室分析、监测质量保证与质量控制、监测数据与结果、达标分析等	与自行监测频率一致	电子台账+纸质台账	保存期限不低五年
3	生产设施运行管理信息	废纸用量、辅料添加量、生物质成型燃料消耗情况、产品产量、运行时间维修记录等	1次/天	电子台账+纸质台账	保存期限不低五年
4	污染防治设施运行管理信息	1. 废水处理设施运行状况记录：污水处理量、污水回用量、白水回收率、污水排放量、污泥产生量（含水率）、进水浓度、排水浓度、污水处理使用的药剂及用量 2. 废气处理系统运行情况	1次/天	电子台账+纸质台账	保存期限不低五年

表 2-27　案例 2 补充登记信息表单

1. 主要产品信息

序号	行业类别	生产工艺名称	主要产品	主要产品产能	计量单位	备注

2. 燃料使用信息

序号	燃料类别	燃料名称	使用量	计量单位	备注

3. 涉 VOCs 辅料使用信息

序号	辅料类别	辅料名称	使用量	计量单位	备注

4. 废气排放信息

序号	废气排放形式	废气污染治理设施	治理工艺	数量	备注

序号	废气排放口名称	执行标准名称	数量	备注

5. 废水排放信息

序号	废水污染治理设施	治理工艺	数量	备注

序号	废水排放口名称	执行标准名称	排放去向	备注

6. 工业固体废物排放信息

序号	工业固废废物名称	是否属于危险废物	去向	备注

7. 其他需要说明的信息

9. 有核发权的地方生态环境主管部门增加的管理内容（如需）

本案例无增加的管理内容，填写"无"即可。

10. 改正规定（如需）

本案例无改正规定信息，本部分不需填写，表2-28空缺即可。

表2-28 案例2 表19 改正规定信息表

序号	改正问题	改正措施	时限要求

11. 相关附件

制作和上传必要附件，其素材可在任务"2.1.3 进行注册练习"的"案例2：肇庆市高要区案例纸业有限公司"资料中选取。

项目3

家具企业排污许可的申报

导言:

家具是人民群众在生产生活中常用的产品,根据《国民经济行业分类》(GB/4754—2017),家具制造行业包括木质家具制造(2110)、竹藤家具制造(2120)、金属家具制造(2130)、塑料家具制造(2140)、其他家具制造(2190)。可见不同家具制造行业的区别主要为生产家具的主要材质不同,另外其生产工艺和产排污环节也有差别,在排污许可管理上也会有所不同,比如木质家具制造和竹藤家具制造需要开料、施胶;金属家具制造需要焊接;塑料家具制造需要注塑、挤塑等。本项目考虑排污许可管理技术的技能训练需求,主要选取木质家具制造行业作为练习对象。

木质家具制造行业指以天然木材和木质人造板为主要材料,配以其他辅料(如油漆、贴面材料、玻璃、五金配件等)制作各种家具的生产活动,常见的木质家具有木质桌椅、木质沙发、木质床、木质柜、木质工艺家具、木质家具配件等。

典型的木质家具生产工艺包括开料、打磨、施胶、钻孔、热压、组装、涂装、干燥、包装等,可以总结为木工车间和涂装车间两大部分。其中以天然木材为主要材料的木工车间主要活动为开料、打磨、钻孔、装配等;以木质人造板为主要材料的木工车间主要活动为开料、施胶、热压、钻孔、热压等。涂装车间主要为木质家具上漆,有装配好上漆的,也有上完漆再装配的。涂装车间常见的工序有上漆、干燥(自然干燥或烘干)、打磨、修色等,现代家具往往需要多道上漆工序,如一道底漆、二道底漆、三道底漆、四道面漆等,上漆、干燥、打磨等工序也会随之循环。

木质家具制造行业主要产生大气污染物,以木工车间的颗粒物和涂装车间的挥发性有机物为主，有组织和无组织排放形式均存在。颗粒物主要产生在木工车间的开料、打磨、钻孔等工序，另外涂装车间的打磨工序也会产生颗粒物。挥发性有机物主要产生在涂装车间的上漆、干燥等工序，同样木工车间的施胶工序也会产生挥发性有机物。除颗粒物和挥发性有机物外，苯、甲苯、二甲苯、甲醛和其他特征污染物也是木质家具制造行业排污许可管理关注的对象。

任务 3.1　收集家具企业排污许可申报材料

任务目标

能够针对具体木质家具企业排污单位，结合其行业的典型生产工艺和产排污特点，完整地、规范化地收集、整理、制作排污许可申报材料。

任务分析

不同类型的排污单位环境管理要求不同，排污单位在收集、整理、制作排污许可申报材料时会有相同的部分，也会由于排污单位的行业不同和具体情况不同而产生部分资料上的差异。排污单位给出的材料往往是不完整的、不规范的，需要申报人员进行信息的识别、提取和再加工。

任务实施

对案例提供资料进行识别、提取和再加工，形成能够支撑排污许可申请表填写和其他资料制作的一整套资料。

3.1.1　排污单位提供资料

案例 3：案例家具有限公司

案例家具有限公司位于佛山市顺德区乐从镇 AB 产业园 01 号，2019 年 1 月 1 日投产，主要从事木质餐桌和木质衣柜制造，年生产时间 2600h，年产木质餐桌 500 套、木质衣柜 6000 套。为做好该企业的排污许可申报工作，需要与企业协商提供或整理的资料至少有：

1. 营业执照

案例家具有限公司提供的营业执照如图 3-1 所示。营业执照有排污单位名称、注册地址、统一社会信用代码、法人等信息，在注册账号阶段需提供较多的信息。

2. 生产工艺流程图

案例家具有限公司提供的生产工艺流程图如图 3-2 所示。生产工艺流程图是判断排污单位行业类别、划分生产单元、判断产排污节点的主要依据之一。

3. 主要产品、原辅材料和燃料信息

案例家具有限公司提供的主要产品和原辅材料信息如表 3-1 和表 3-2 所示。主要产品、原辅材料和燃料信息是排污许可申请表必填项，主要产品是判断排污单位行业类别的主要依据之一，原辅材料和燃料是判断排污单位污染物种类的主要依据之一。部分排污单位不使用燃料，该信息可不收集。

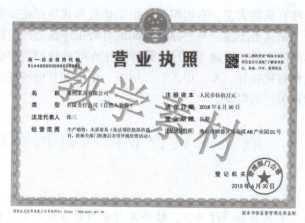

图 3-1　案例家具有限公司营业执照

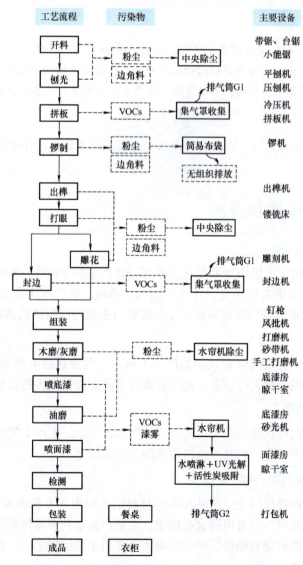

图 3-2　案例家具有限公司生产工艺流程图

表 3-1 案例家具有限公司主要产品

序号	产品名称	产能
1	木质餐桌	500 件/年
2	木质衣柜	6000 套/年

表 3-2 案例家具有限公司原辅材料表

序号	原辅材料名称	用量
1	白乳胶	1.6t/年
2	醇酸色漆 A	4t/年
3	醇酸色漆 B	4t/年
4	封边条	0.9t/年
5	热熔胶	0.1t/年
6	稀释剂	2t/年
7	原木	1500m³/年
8	板材	500m³/年

4. 生产设备信息

案例家具有限公司提供的生产设备信息如表 3-3 所示。生产设备信息是排污许可申请表必填项，是判断产排污节点的主要依据之一。

表 3-3 案例家具有限公司生产设备表

工序	序号	设备名称	数量	型号/规格
木工	1	出榫机	2	22kW
	2	雕刻机	1	30kW
	3	风批机	1	30kW
	4	封边机	1	25kW
	5	锯床	3	分别为小能锯 8kW、带锯 10kW、台锯 15kW
	6	冷压机	1	功率 18kW
	7	镂铣床	2	功率 20kW
	8	锣机	1	功率 25kW
	9	刨床	2	功率 20kW
	10	拼板机	1	功率 12kW
	11	齐边机	1	功率 5kW

（续）

工序	序号	设备名称	数量	型号/规格
砂光	12	打磨机	2	功率15kW
	13	砂光机	2	功率25kW
	14	手工打磨机	2	—
	15	水帘机	1	循环水量14m³/h，排气量5000m³/h
喷底漆	16	底漆房	1	排气量10000m³/h
	17	底漆砂光机	1	功率35kW
	18	干燥室/烘干室	1	面积80m²
	19	喷漆枪	2	压力0.5MPa
	20	水帘机	1	循环水量25m³/h，排气量10000m³/h
面漆喷涂	21	干燥室/烘干室	1	面积100m²
	22	底漆房	1	排气量10000m³/h
	23	喷漆枪	2	压力0.8MPa
	24	水帘机	1	循环水量59.4m³/h，排气量30000m³/h
	25	打包机	1	功率20kW

5. 污染防治设施

案例家具有限公司提供的污染防治设施信息如表3-4所示。

表3-4 案例家具有限公司污染防治设施表

序号	设备名称	数量	设施参数
1	集尘设施	1	设计排气量2000m³/h
2	布袋除尘器	1	设计收集效率90%，设计处理效率99%
3	有机废气处理设施	1	水喷淋+UV光解+活性炭吸附，设计排气量40000m³/h
4	生活污水处理设施	1	3级化粪池

6. 厂区平面布置图

案例家具有限公司提供的厂区平面布置图如图3-3所示。

7. 监测布点图

绘制监测布点图以供参考，如图3-4所示。

8. 生态环境管理文件

企业掌握的生态环境管理相关文件，如有，建议提供。常见的文件类型有：已有的排污许可管理文件、环境影响评价文件以及相应的批复或备案信息、环保竣工验收文件以及相应的批复或备案信息、监测报告、总量分配计划文件、排污权交易信息、整改或处罚文件、技术评估报告、污染防治设施设计报告等。

9. 其他资料

排污单位掌握的与排污许可管理相关的其他资料。

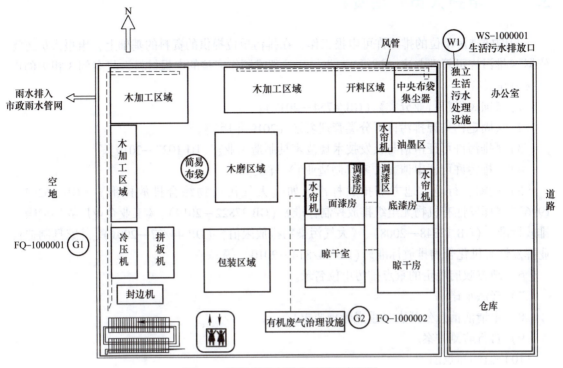

图 3-3　案例家具有限公司平面布置图

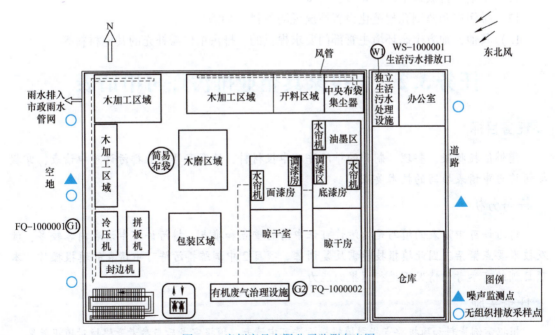

图 3-4　案例家具有限公司监测布点图

3.1.2 申报人员收集资料

为做好排污单位的排污许可申报工作，在排污单位提供的资料的基础上，申报人员还需依据《排污许可管理办法（试行）》收集、整理或制作完整的申报材料，与案例3相关的申报材料建议有：

1）《国民经济行业分类》（GB/4754—2017）。
2）《固定污染源排污许可分类管理名录（2019年版）》。
3）《排污许可证申请与核发技术规范家具制造工业》（HJ 1027—2019）。
4）《排污许可证申请表（家具制造业）》样表。
5）国家、行业、地方等排放标准，如《大气污染物综合排放标准》（GB 16297—1996）、《挥发性有机物无组织排放控制标准》（GB 37822—2019）、《工业企业厂界环境噪声排放标准》（GB 12348—2008）、《大气污染物排放限值》（DB 44/27—2001）、《家具制造行业挥发性有机化合物排放标准》（DB 44/814—2010）等。
6）地方政府确定的重点排污单位名录。
7）守法承诺书。
8）申请前信息公开表（重点管理要求）。
9）自行监测方案。
10）监测布点图。
11）申请年排放量限值计算过程（如需）。
12）排污口和监测孔规范化设置情况说明材料（如需）。
13）其他，地方生态环境主管部门要求提供的、排污单位需补充的其他材料等。

任务3.2　填报家具企业排污许可申请表

任务目标

能够依托收集、整理、制作的排污许可申报材料，填写家具企业排污许可申请表，掌握排污许可申请表填写的技术要点。

任务分析

排污许可申请表的填写是排污许可证申请的重点和难点，排污许可申请表内容较多，涉及技术要点繁杂，因此填报技能需反复训练。项目2中训练排污许可申请表的填报操作，本项目训练有参考的情况下进行填报的能力。

任务实施

根据案例资料和填报要点指引填报排污许可申请表，填报完成后与参考表格核对填报效果。

资料收集、整理、制作完毕后，开始排污许可申请表的填写。开展填写练习的，建议在排污许可证申请表样表或全国排污许可证管理信息平台试填报平台上填报；开展正式填报时，在全国排污许可证管理信息平台正式平台上填报。

3.2.1 注册家具企业用户账号

1. 确定行业类别

根据排污单位产品和生产工艺信息等，按照《国民经济行业分类》（GB/T 4754—2017）确定行业类别。本排污单位主要产品为木质餐桌和木质衣柜，符合"木质家具制造（2110）"类别，无其他产品或生产工艺，无锅炉和工业炉窑等，行业类别确定为1个，即木质家具制造。

2. 确定管理分类

根据排污单位行业类别、产品、原辅材料、是否重点排污单位、是否按照通用工序管理、生产工艺信息等，按照《固定污染源排污许可分类管理名录（2019年版）》确定管理级别。根据排污单位行业类别，本排污单位应按照《固定污染源排污许可分类管理名录（2019年版）》序号35栏目确定管理分类；其中"纳入重点排污单位名录的"属于重点管理，"除重点管理以外的年使用10吨及以上溶剂型涂料或者胶粘剂（含稀释剂、固化剂）的、年使用20吨及以上水性涂料或者胶粘剂的、有磷化表面处理工艺的"属于简化管理，"其他"属于登记管理。经查，本企业不属于佛山市重点排污单位，综合以上信息管理类别确定为简化管理。

3. 注册账号

确定了正确的行业类别和管理分类，结合营业执照等企业基本信息，即可在全国排污许可证管理信息平台上注册本排污单位的用户账号。注册账号方法参见"任务2.1：注册用户账号"，成功注册账号后，可登录平台填写对应申请表。

3.2.2 填写排污单位基本情况表

参照生态环境部发布的《排污许可证申请表（家具制造业）》样表和全国排污许可证管理信息平台家具制造业表单，本部分共包含"排污单位基本信息表"1个表。部分企业基本信息直接导入了注册时填写的信息，如有错漏，可修改，其他信息可参考"2.3.2 进行申请练习"中"1. 排污单位基本情况"要求填写。这里提供表3-5作为参考。

表3-5 案例3 表1 排污单位基本信息表

单位名称	案例家具有限公司	注册地址	佛山市顺德区乐从镇AB产业园01号
生产经营场所地址	佛山市顺德区乐从镇AB产业园01号	邮政编码（1）	528300
行业类别	木质家具制造	是否投产（2）	是
投产日期（3）	2019-01-01		
生产经营场所中心经度（4）	自定义	生产经营场所中心纬度（5）	自定义
组织机构代码		统一社会信用代码	914400000000000000

(续)

单位名称	案例家具有限公司	注册地址	佛山市顺德区乐从镇AB产业园01号
技术负责人	李四	联系电话	13500000000
所在地是否属于大气重点控制区（6）	是	所在地是否属于总磷控制区（7）	否
所在地是否属于总氮控制区（7）	否	所在地是否属于重金属污染特别排放限值实施区域（8）	否
是否位于工业园区（9）	是	所属工业园区名称	AB产业园
是否有环评审批文件	是	环境影响评价审批文件文号或备案编号（10）	管环0307 环审〔2020〕第0000号
是否有地方政府对违规项目的认定或备案文件（11）	否	认定或备案文件文号	
是否需要改正（12）	否	排污许可证管理类别（13）	简化管理
是否有主要污染物总量分配计划文件（14）	是	总量分配计划文件文号	管环0307 环审〔2020〕第0000号
挥发性的机物总量控制指标/（t/a）	1.0		

3.2.3 填写排污单位登记信息表

参照《排污许可证申请表（家具制造业）》样表和全国排污许可证管理信息平台表单，本部分共包含"主要产品及产能信息表""主要产品及产能信息补充表""主要原辅材料及燃料信息表""废气产排污节点、污染物及污染治理设施信息表"和"废水类别、污染物及污染治理设施信息表"5个表。本部分填写内容关联后续大部分表格，应填写正确、完整。

1. 主要产品及产能信息表

家具制造业排污许可申请表的产品信息和生产单元信息是分开填写的，在《排污许可证申请表（家具制造业）》样表中的编号分别为"表2"和"表2-1"。"主要产品及产能信息表"主要填写产品名称和产能信息，填写规则为某个排污单位的某条生产线生产了某种产品、该产品的年产量和年生产时间是多少。使用案例3资料填写形成的本表参考结果如表3-6所示。需要说明的事项有：

1）排污单位类型：本排污单位只有一个行业类别，即木质家具，因此排污单位类型只填写了"木质家具制造排污单位"，如有其他类型的，应补充。

2）生产线编号及名称：本排污单位只有一条木质家具生产线，生产线编号及名称推荐使用"SCX001"样式，排污单位有内部编号的也可使用。

3）产品名称：产品需与生产线对应，产品名称优先选择下拉菜单名称，具体名称可在"其他产品信息"中补充。

4）生产能力：生产能力一般统计一年，填写时应注意计量单位，可填写实际值或设计值。

2. 主要产品及产能信息补充表

"主要产品及产能信息补充表"主要填写生产工艺和生产设施信息，填写规则为某个生产单元有若干生产工艺、每个生产工艺有若干生产设施、生产设施参数是多少。填写本表时应参照《排污许可证申请与核发技术规范 家具制造工业》（HJ 1027—2019）的"4.3.2 主要生产单元、主要工艺及生产设施名称"部分，结合本排污单位的生产工艺和生产设备资料，完整、准确填写。使用案例 3 资料填写形成的本表参考结果如表 3-7 所示。需要说明的事项有：

1）主要生产单元名称：主要生产单元优先按照技术规范划分。本排污单位划分的单元有木工车间、涂装车间、包装和公用单元。其中公用单元这里主要填写了污染防治设施，如有储存场所等其他设施且有产污环节的，也可补充。

2）主要工艺名称：主要工艺名称应与主要生产单元对应。本排污单位的木工车间单元对应机械化加工工艺，涂装车间对应砂光、底漆、面漆工艺，包装单元对应包装工艺，公用单元对应废气处理系统。

3）生产设施名称：生产设施应与生产单元和生产工艺对应，生产设施应逐个填写逐个编号。同种生产设施有多个的一般也不能合并填写，部分行业的部分生产设施允许合并填写的才能合并。

4）生产设施编号：生产设施编号可使用排污单位内部编号，排污单位没有内部编号的，推荐参照《排污单位编码规则》（HJ 608—2017）编号。生产设施的推荐编号结构为"MF XXXX"，其中"X"均为数字，如 MF0001、MF0023 等。污染治理设施的推荐编号结构为"TX XXX"，其中第一位"X"为环境要素标识码（气为 A、水为 W、噪声为 N、固体废物为 S、辐射为 R），后三位"X"均为数字，如大气污染防治设施编号为 TA011、水污染防治设施编号为 TW002 等。

5）设施参数：设施参数应根据生产设备实际情况选择，有多个参数的应选择填写多个参数，参数一般是设计值，填写时应注意计量单位。

6）其他信息：设施参数、设施、生产工艺如有其他信息需要说明的，可以补充进对应的其他信息中。

3. 主要原辅材料及燃料信息表

"主要原辅材料及燃料信息表"主要填写原辅材料及燃料信息，具体内容为原料、辅料、燃料等的名称、用量、主要成分含量、有毒有害成分含量等。填写本表时应参考《排污许可证申请与核发技术规范 家具制造工业》（HJ 1027—2019）的"4.4.2 原辅材料及燃料种类"部分，结合本排污单位的原辅材料及燃料资料，完整、准确填写。使用案例 3 资料填写形成的本表参考结果如表 3-8 所示。需要说明的事项有：

1）原料及辅料。原料及辅料的种类确定优先按照技术规范，参照《排污许可证申请与核发技术规范 家具制造工业》（HJ 1027—2019），木质家具的原料为涂料或油漆、擦色剂、稀释剂、固化剂、胶黏剂、清洗溶剂等，辅料为催化剂、吸附剂、絮凝剂等。制作木质家具的木材、木板等为非必填项目。溶剂型涂料、稀释剂、固化剂、清洗溶剂及胶黏剂的挥发性有机物含量和甲醛含量，涂料中重金属含量及各原辅材料的密度为必填项；水性涂料及胶黏剂需填涂料或胶黏剂的密度、含水率，以及扣水后挥发性有机物的含量，其他为非必填项目。原辅材料的成分信息可参照检测报告填报。

2）燃料。燃料主要指煤、天然气、生物质燃料等。排污单位未使用燃料的可不填写。排污单位有使用燃料的，按实填写。燃料表格列出的均为必填项目，可参照检测报告填报。填报时应注意计量单位，其中"年最大使用量"单位为"万 t/a、万 m³/a"。

表 3-6 案例 3 表 2 主要产品及产能信息表

序号	排污单位类型	排污单位编号及名称	生产线编号及名称	产品名称	以件计生产能力（件/年）	以套计生产能力（套/年）	设计年生产时间（h）	其他产品信息
1	木质家具制造		SCX001	柜子（包含衣柜、书柜、橱柜、其他）台、梳妆	6000	6000	2400	木质衣柜
	排污单位			桌子（木、竹、藤）	500	500	2400	木质餐桌

表 3-7 案例 3 表 2-1 主要产品及产能信息补充表

序号	排污单位类型	主要生产单元名称	主要工艺名称	生产设施名称	生产设施编号	设施参数			其他设施信息	
						参数名称	计量单位	设计值	其他设施参数信息	其他工艺信息
		木工车间	机械化加工	出榫机	MF0010	功率	kW	22		
				出榫机	MF0011	功率	kW	22		
				雕刻机	MF0014	功率	kW	30		
				风批机	MF0016	功率	kW	30		
				封边机	MF0015	功率	kW	25	配套钉枪3支	
				锯床	MF0001	功率	kW	10	带锯	
				锯床	MF0002	功率	kW	15	台锯	
				锯床	MF0003	功率	kW	8	小能锯	
				冷压机	MF0006	功率	kW	18		
				镂铣床	MF0012	功率	kW	20		
				镂铣床	MF0013	功率	kW	20		
				锣机	MF0008	功率	kW	25		
				刨床	MF0004	功率	kW	20	平刨机	
				刨床	MF0005	功率	kW	20	压刨机	
				拼板机	MF0007	功率	kW	12		
				齐边机	MF0009	功率	kW	5	修边机	

序号	排污单位	生产设施编号	车间	工序	设备	编号	参数名称	单位	参数值	备注
1	木质家具制造排污单位	SCX001	涂装车间	砂光	打磨机	MF0017	功率	kW	15	
					打磨机	MF0018	功率	kW	15	
					砂光机	MF0019	功率	kW	25	
					砂光机	MF0020	功率	kW	25	
					手工打磨	MF0021	—	—	—	手工打磨机2台
				底漆	水帘机	MF0032	循环水量	m³/h	14	
					底漆房	MF0022	排气量	m³/h	5000	
					底漆砂光机	MF0026	排气量	m³/h	10000	油漆工序
					干燥室/烘干室	MF0025	功率	kW	35	晾干房
					喷漆枪	MF0023	面积	m²	80	
					喷漆枪	MF0024	压力	MPa	0.5	
					水帘机	MF0033	压力	MPa	0.5	
				面漆	干燥室/烘干室	MF0030	循环水量	m³/h	25	
					面漆房	MF0027	面积	m²	10000	晾干房
					喷漆枪	MF0028	排气量	m³/h	100	
					喷漆枪	MF0029	压力	MPa	30000	
					水帘机	MF0034	循环水量	m³/h	0.8	
							压力	MPa	0.8	
							循环水量	m³/h	59.4	
							排气量	m³/h	30000	

（续）

序号	排污单位类型	排污单位类型编号	主要生产单元名称	主要工艺名称	生产设施名称	生产设施编号	设施参数 参数名称	设施参数 计量单位	设施参数 设计值	其他设施参数信息	其他设施信息	其他工艺信息
1	木质家具制造排污单位	SCX001	包装	包装	打包机	MF0031	功率	kW	20			
			公用单元	废气处理系统	除尘集尘设施	TA001	排气量	m³/h	2000		中央布袋集尘器	
					简易布袋除尘器	TA002	收集效率	%	90			
							处理效率	%	99			
					有机废气处理设施	TA003	排气量	m³/h	40000		水喷淋+UV光解+活性炭吸附	

表3-8 案例3 表3 主要原辅材料及燃料信息表

序号	种类(1)	名称(2)	计量单位(3)	年最大使用量	密度 g/m³	VOCs含量(g/L)	水性涂料含水率(%)	甲醛含量(g/L)	重金属含量(g/L)	年最大使用量(万t/a, 万m³a)	热值(MJ/kg, MJ/m³)	其他信息
原料及辅料												
1	原料	白乳胶	t/a	1.6	2	1	/	0	0			
2	原料	醇酸色漆	t/a	4	10	8	/	0	0			
3	原料	醇酸色漆	t/a	4	10	8	/	0	0			
4	原料	封边条	t/a	0.9	5	3	/	0	0			
5	原料	热熔胶	t/a	0.1	3							
6	原料	稀释剂	t/a	2	8	10	/	0	0			
燃料												
序号		燃料名称		灰分(%)		硫分(%)	挥发分(%)	水性涂料含水率(%)		年最大使用量(万t/a, 万m³a)	热值(MJ/kg, MJ/m³)	其他信息

4. 废气产排污节点、污染物及污染治理设施信息表

"废气产排污节点、污染物及污染治理设施信息表"主要填写废气产排污节点、对应的大气污染物种类、对应的污染治理设施和排放口信息，填写规则为某产污设施或产污环节排放某种或某几种污染物、确定污染物排放形式（有组织\无组织）、对应其污染处理设施和排放口信息、确定排放口类型。填写本表时应参照《排污许可证申请与核发技术规范 家具制造工业》（HJ 1027—2019）的"4.5.2 废气"部分，结合本排污单位的生产工艺、产排污环节和污染防治措施，完整、准确填写。使用案例3资料填写形成的本表参考结果如表3-9所示。需要说明的事项有：

1）产污设施名称和对应产污环节名称。产污设施名称和对应产污环节名称来源于"主要产品及产能信息表"或"主要产品及产能信息表补充表"，在全国排污许可证管理信息平台上填报时一般可以自动关联，删除非产污环节即可。

2）污染物种类。污染物种类需对应产污设施完整、准确选取，一个产污设施可对应多个污染物种类。木质家具行业常见的污染物种类有颗粒物、挥发性有机物、苯、甲苯、二甲苯和其他特征污染物。

3）排放形式。大气污染物的排放形式分为有组织和无组织两种，应结合实际参照技术规范确定。如按照《排污许可证申请与核发技术规范 家具制造工业》（HJ 1027—2019）"表3"和"表4"，木质家具行业的木工车间开料机颗粒物需同时考虑有组织和无组织排放，金属家具行业的烘干室燃气加热装置氮氧化物只需考虑有组织排放。

4）污染治理设施。污染治理设施名称结合实际选择或填写，污染治理设施名称应尽量体现工艺信息，编号参见"主要产品及产能信息补充表"的"生产设施编号"内容。是否为可行技术的判断应参考技术规范，技术规范中列明的污染治理设施为可行技术，未列明的应提供该污染治理设施可行的证明材料。没有污染处理设施的可不填写，用"/"代替，其他需要说明的情况可在污染治理设施其他信息中补充。

5）有组织排放口编号、名称和设置是否符合要求。本表只统计有组织排放口信息，有组织排放口编号可使用主管部门的分配编号或排污单位的内部编号，没有分配或内部编号的，推荐参照《排污单位编码规则》（HJ 608—2017）编号。编号结构为"DX XXX"，其中第一位"X"为环境要素标识码（气为A、水为W），后三位"X"均为数字，如废气有组织排放口编号为DA001、废水排放口编号为DW001等。

6）排放口类型。排放口类型需按照技术规范确定，排污单位废气排放口分为主要排放口和一般排放口，排放口类型与排放许可量、自行监测要求紧密相关，应确保选择正确。本排污单位为简化管理，按照《排污许可证申请与核发技术规范 家具制造工业》（HJ 1027—2019）"表4"，各有组织废气排放口均为一般排放口。

5. 废水类别、污染物及污染治理设施信息表

"废水类别、污染物及污染治理设施信息表"主要填写废水类别、对应的水污染物种类、对应的污染治理设施、排放方式和排放口信息，填写规则为某种废水类别排放某种或某几种污染物，对应其污染治理设施和排放口信息，并确定排放口类型。填写本表时应参照《排污许可证申请与核发技术规范 家具制造工业》（HJ 1027—2019）的"4.5.3 废水"部分，结合本排污单位的生产工艺、产排污环节和污染防治措施，完整、准确填写。使用案例

3 资料填写形成的本表参考结果如表 3-10 所示。需要说明的事项有：

1）废水类别。废水类别分为生产废水、生活污水和雨水（或初期雨水）等。排污单位有生产废水的需填写生产废水信息；生活污水有单独排放口且排入城镇污水集中处理设施的，仅说明排放去向或按照当地主管部门要求确定填写形式，其他排放方式的需填写；雨水（或初期雨水）信息参照相关技术规范要求选择是否填写，如《排污许可证申请与核发技术规范 家具制造工业》（HJ 1027—2019）不要求填写雨水（或初期雨水）信息，但《排污许可证申请与核发技术规范 电镀工业》（HJ 855—2017）要求填写。木制家具行业的废水排放较少，常见的废水类别有水帘机和水喷淋废水、生活污水等。

2）污染物种类。废水污染物种类结合实际参照技术规范选取。

3）污染治理设施。污染治理设施名称结合实际选择或填写，污染治理设施名称应尽量体现工艺信息，编号参见"主要产品及产能信息补充表"的"生产设施编号"内容。是否为可行技术的判断应参考技术规范，技术规范中列明的污染治理设施为可行技术，未列明的应提供该污染治理设施可行的证明材料。没有污染处理设施的可不填写，用"/"代替，其他需要说明的情况可在污染治理设施其他信息中补充。

4）排放去向。排放去向分为：不外排；车间废水处理设施；厂内生活污水处理设施；厂内生产废水处理设施；厂内综合废水处理设施；进入工业废水集中处理设施；进入市政污水处理厂；直接进入地表水体（江、河、湖、库等水环境）；其他（包括回喷、回填、回灌、回用等）。应结合实际进行选取。

5）排放方式。排放方式分为：直接排放、间接排放和无。应结合实际进行选取。

6）排放规律。当废水直接或间接进入环境水体时填报排放规律，不外排时不用填报。排放规律分为：连续排放，流量稳定；连续排放，流量不稳定，但有周期性规律；连续排放，流量不稳定，但有规律，且不属于周期性规律；连续排放，流量不稳定，属于冲击型排放；连续排放，流量不稳定且无规律，但不属于冲击型排放；间断排放，排放期间流量稳定；间断排放，排放期间流量不稳定，但有周期性规律；间断排放，排放期间流量不稳定，但有规律，且不属于非周期性规律；间断排放，排放期间流量不稳定，属于冲击型排放；间断排放，排放期间流量不稳定且无规律，但不属于冲击型排放。应结合实际进行选取。

7）排放口编号、名称和设置是否符合要求。可参考上节"有组织排放口编号、名称和设置是否符合要求"填写。

8）排放口类型。可参考上节"排放口类型"填写。木质家具行业的废水排放口类型均为一般排放口。

9）其他信息。填报中有不明确的信息或需要补充说明的信息时，建议在其他信息中说明。

3.2.4 填写大气污染物排放表

参照《排污许可证申请表（家具制造业）》样表和全国排污许可证管理信息平台表单，本部分共包含"大气排放口基本情况表""废气污染物排放执行标准表""大气污染物有组织排放表""大气污染物无组织排放表"和"企业大气排放总许可量"5 个表。本部分大部分内容关联或基于"3.2.3 填写排污单位登记信息表"的"案例 3 表 4 废气产排污节点、污染物及污染治理设施信息表"部分，填写内容应与前面表格相对应。

项目3 家具企业排污许可的申报

表3-9 案例3 表4 废气产排污节点、污染物及污染治理设施信息表

序号	产污设施编号	产污设施名称(1)	对应产污环节名称(2)	污染物种类(3)	排放形式(4)	污染治理设施编号	污染治理设施名称(5)	是否为可行技术	污染治理设施其他信息	有组织排放口编号(6)	有组织排放口名称	排放口设置是否符合要求(7)	排放口类型	其他信息
1	MF0001	锯床	木工车间废气	颗粒物	无组织	TA001	中央除尘系统	是						
2	MF0002	锯床	木工车间废气	颗粒物	无组织	TA001	中央除尘系统	是						
3	MF0003	锯床	木工车间废气	颗粒物	无组织	TA001	中央除尘系统	是						
4	MF0004	刨床	木工车间废气	颗粒物	无组织	TA001	中央除尘系统	是						
5	MF0005	刨床	木工车间废气	颗粒物	无组织	TA001	中央除尘系统	是						
6	MF0006	冷压机	木工车间废气	挥发性有机物	有组织	/				FQ-1000001	有机废气排放口	是	一般排放口	
7	MF0007	拼板机	木工车间废气	挥发性有机物	有组织	/				FQ-1000001	有机废气排放口	是	一般排放口	
8	MF0008	锣机	木工车间废气	颗粒物	无组织	TA002	袋式除尘	是						
9	MF0009	开边机	木工车间废气	颗粒物	无组织	TA002	袋式除尘	是						
10	MF0010	出榫机	木工车间废气	颗粒物	无组织	TA001	中央除尘系统	是						
11	MF0011	出榫机	木工车间废气	颗粒物	无组织	TA001	中央除尘系统	是						
12	MF0012	镂铣床	木工车间废气	颗粒物	无组织	TA001	中央除尘系统	是						
13	MF0013	镂铣床	木工车间废气	颗粒物	无组织	TA001	中央除尘系统	是						
14	MF0014	雕刻机	木工车间废气	颗粒物	无组织	TA001	中央除尘系统	是						
15	MF0015	封边机	木工车间废气	挥发性有机物	有组织	/				FQ-1000001	有机废气排放口	是	一般排放口	
16	MF0017	打磨机	打磨废气	颗粒物	无组织	TA004	水帘机	是						
17	MF0018	打磨机	打磨废气	颗粒物	无组织	TA004	水帘机	是						
18	MF0019	砂光机	打磨废气	颗粒物	无组织	TA001	中央除尘系统	是						
19	MF0020	砂光机	打磨废气	颗粒物	无组织	TA001	中央除尘系统	是						
20	MF0021	手工打磨	打磨废气	颗粒物	无组织	TA001	中央除尘系统 + UV光	是						
21	MF0022	底漆房	喷漆废气	挥发性有机物	有组织	TA003	水喷淋+UV光解+活性炭吸附	是		FQ-1000002	喷漆废气排放口	是	一般排放口	

（续）

序号	产污设施编号	产污设施名称(1)	对应产污环节名称(2)	污染物种类(3)	排放形式(4)	污染治理设施编号	污染治理设施名称(5)	是否为可行技术	污染治理设施其他信息	有组织排放口编号(6)	有组织排放口名称	排放口设置是否符合要求(7)	排放口类型	其他信息
22	MF0023	喷漆枪	喷漆废气	挥发性有机物	有组织	TA003	水喷淋+UV光解+活性炭吸附	是		FQ-1000002	喷漆废气排放口	是	一般排放口	
23	MF0024	喷漆枪	喷漆废气	挥发性有机物	有组织	TA003	水喷淋+UV光解+活性炭吸附	是		FQ-1000002	喷漆废气排放口	是	一般排放口	
24	MF0025	干燥室/烘干室	干燥废气	挥发性有机物	有组织	TA003	水喷淋+UV光解+活性炭吸附	是		FQ-1000002	喷漆废气排放口	是	一般排放口	
25	MF0026	底漆砂光机	打磨废气	颗粒物	无组织	TA001	中央除尘系统	是						
26	MF0027	面漆房	喷漆废气	挥发性有机物	有组织	TA003	水喷淋+UV光解+活性炭吸附	是		FQ-1000002	喷漆废气排放口	是	一般排放口	
27	MF0028	喷漆枪	喷漆废气	挥发性有机物	有组织	TA003	水喷淋+UV光解+活性炭吸附	是		FQ-1000002	喷漆废气排放口	是	一般排放口	
28	MF0029	喷漆枪	喷漆废气	挥发性有机物	有组织	TA003	水喷淋+UV光解+活性炭吸附	是		FQ-1000002	喷漆废气排放口	是	一般排放口	
29	MF0030	干燥室/烘干室	干燥废气	挥发性有机物	有组织	TA003	水喷淋+UV光解+活性炭吸附	是		FQ-1000002	喷漆废气排放口	是	一般排放口	
30	MF0022	底漆房	喷漆废气	二甲苯	有组织	TA003	水喷淋+UV光解+活性炭吸附	是		FQ-1000002	喷漆废气排放口	是	一般排放口	
31	MF0023	喷漆枪	喷漆废气	二甲苯	有组织	TA003	水喷淋+UV光解+活性炭吸附	是		FQ-1000002	喷漆废气排放口	是	一般排放口	
32	MF0024	喷漆枪	喷漆废气	二甲苯	有组织	TA003	水喷淋+UV光解+活性炭吸附	是		FQ-1000002	喷漆废气排放口	是	一般排放口	

序号	编号	设备	废气类型	污染物	有组织	编号	处理工艺	是否	排放口编号	排放口名称	是否	排放口类型
33	MF0025	干燥室/烘干室	干燥废气	二甲苯	有组织	TA003	水喷淋+UV光解+活性炭吸附	是	FQ-1000002	喷漆废气排放口	是	一般排放口
34	MF0027	面漆房	喷漆废气	二甲苯	有组织	TA003	水喷淋+UV光解+活性炭吸附	是	FQ-1000002	喷漆废气排放口	是	一般排放口
35	MF0028	喷漆枪	喷漆废气	二甲苯	有组织	TA003	水喷淋+UV光解+活性炭吸附	是	FQ-1000002	喷漆废气排放口	是	一般排放口
36	MF0029	喷漆枪	喷漆废气	二甲苯	有组织	TA003	水喷淋+UV光解+活性炭吸附	是	FQ-1000002	喷漆废气排放口	是	一般排放口
37	MF0030	干燥室/烘干室	干燥废气	二甲苯	有组织	TA003	水喷淋+UV光解+活性炭吸附	是	FQ-1000002	喷漆废气排放口	是	一般排放口
38	MF0022	底漆房	喷漆废气	甲苯	有组织	TA003	水喷淋+UV光解+活性炭吸附	是	FQ-1000002	喷漆废气排放口	是	一般排放口
39	MF0023	喷漆枪	喷漆废气	甲苯	有组织	TA003	水喷淋+UV光解+活性炭吸附	是	FQ-1000002	喷漆废气排放口	是	一般排放口
40	MF0024	喷漆枪	喷漆废气	甲苯	有组织	TA003	水喷淋+UV光解+活性炭吸附	是	FQ-1000002	喷漆废气排放口	是	一般排放口
41	MF0025	干燥室/烘干室	干燥废气	甲苯	有组织	TA003	水喷淋+UV光解+活性炭吸附	是	FQ-1000002	喷漆废气排放口	是	一般排放口
42	MF0027	面漆房	喷漆废气	甲苯	有组织	TA003	水喷淋+UV光解+活性炭吸附	是	FQ-1000002	喷漆废气排放口	是	一般排放口
43	MF0028	喷漆枪	喷漆废气	甲苯	有组织	TA003	水喷淋+UV光解+活性炭吸附	是	FQ-1000002	喷漆废气排放口	是	一般排放口

（续）

序号	产污设施编号	产污设施名称(1)	对应产污环节名称(2)	污染物种类(3)	排放形式(4)	污染治理设施编号	污染治理设施名称(5)	是否为可行技术	污染治理设施其他信息	有组织排放口编号(6)	有组织排放口名称	排放口设置是否符合要求(7)	排放口类型	其他信息
44	MF0029	喷漆枪	喷漆废气	甲苯	有组织	TA003	水喷淋+UV光解+活性炭吸附	是		FQ-1000002	喷漆废气排放口	是	一般排放口	
45	MF0030	干燥室/烘干室	干燥废气	甲苯	有组织	TA003	水喷淋+UV光解+活性炭吸附	是		FQ-1000002	喷漆废气排放口	是	一般排放口	
46	MF0022	底漆房	喷漆废气	苯	有组织	TA003	水喷淋+UV光解+活性炭吸附	是		FQ-1000002	喷漆废气排放口	是	一般排放口	
47	MF0023	喷漆枪	喷漆废气	苯	有组织	TA003	水喷淋+UV光解+活性炭吸附	是		FQ-1000002	喷漆废气排放口	是	一般排放口	
48	MF0024	喷漆枪	喷漆废气	苯	有组织	TA003	水喷淋+UV光解+活性炭吸附	是		FQ-1000002	喷漆废气排放口	是	一般排放口	
49	MF0025	干燥室/烘干室	干燥废气	苯	有组织	TA003	水喷淋+UV光解+活性炭吸附	是		FQ-1000002	喷漆废气排放口	是	一般排放口	
50	MF0027	面漆房	喷漆废气	苯	有组织	TA003	水喷淋+UV光解+活性炭吸附	是		FQ-1000002	喷漆废气排放口	是	一般排放口	
51	MF0028	喷漆枪	喷漆废气	苯	有组织	TA003	水喷淋+UV光解+活性炭吸附	是		FQ-1000002	喷漆废气排放口	是	一般排放口	
52	MF0029	喷漆枪	喷漆废气	苯	有组织	TA003	水喷淋+UV光解+活性炭吸附	是		FQ-1000002	喷漆废气排放口	是	一般排放口	
53	MF0030	干燥室/烘干室	干燥废气	苯	有组织	TA003	水喷淋+UV光解+活性炭吸附	是		FQ-1000002	喷漆废气排放口	是	一般排放口	
54	MF0022	底漆房	喷漆废气	颗粒物	有组织	TA003	水喷淋+UV光解+活性炭吸附	是		FQ-1000002	喷漆废气排放口	是	一般排放口	漆雾
55	MF0023	喷漆枪	喷漆废气	颗粒物	有组织	TA003	水喷淋+UV光解+活性炭吸附	是		FQ-1000002	喷漆废气排放口	是	一般排放口	漆雾

56	MF0024	喷漆枪	喷漆废气	颗粒物	有组织	TA003	水喷淋+UV光解+活性炭吸附	是	FQ-1000002	喷漆废气排放口	是	一般排放口	漆雾
57	MF0027	面漆房	喷漆废气	颗粒物	有组织	TA003	水喷淋+UV光解+活性炭吸附	是	FQ-1000002	喷漆废气排放口	是	一般排放口	漆雾
58	MF0028	喷漆枪	喷漆废气	颗粒物	有组织	TA003	水喷淋+UV光解+活性炭吸附	是	FQ-1000002	喷漆废气排放口	是	一般排放口	漆雾
59	MF0029	喷漆枪	喷漆废气	颗粒物	有组织	TA003	水喷淋+UV光解+活性炭吸附	是	FQ-1000002	喷漆废气排放口	是	一般排放口	漆雾

表3-10 案例3 表5 废水类别、污染物及污染治理设施信息表

序号	废水类别(1)	污染物种类(2)	污染治理设施编号	污染治理设施名称(5)	是否为可行技术	污染治理设施其他信息	排放去向	排放方式	排放规律(4)	排放口编号(6)	排放口名称	排放口设置是否符合要求(7)	排放口类型	其他信息
1	水帘机和水喷淋废水	化学需氧量、氨氮（NH₃-N）、总氮（以N计）、总磷（以P计）、pH值、悬浮物、石油类	/				其他（包括回喷、回填、回灌、回用等）	无						循环使用，定期更换，更换废水委托有能力的单位处理
2	生活污水	pH值、化学需氧量、五日生化需氧量、氨氮（NH₃-N）、悬浮物	TW001	三级化粪池	是		进入市政污水处理厂	无	间断排放，排放期间流量稳定					

95

1. 大气排放口基本情况表

"大气排放口基本情况表"主要填写大气有组织排放口信息，按表格指示内容填写即可。使用案例 3 资料填写形成的本表参考结果如表 3-11 所示。需要说明的事项有：

1）排放口编号、排放口名称：关联前面表格生成。

2）污染物种类：关联前面表格生成。

3）排放口地理坐标：指排放口的经度和纬度坐标，可通过在全国排污许可证管理信息平台中点选 GIS 系统后自动生成经度和纬度。在学习阶段可选取一个自定义坐标填入。

4）排气筒高度：指地面到排放口出口的高度。

2. 废气污染物排放执行标准表

"废气污染物排放执行标准表"主要填写大气有组织排放口各污染物的排放标准、浓度限值和速率限值信息，按表格指示内容填写即可。使用案例 3 资料填写形成的本表参考结果如表 3-12 所示。需要说明的事项有：

1）排放口编号、排放口名称：关联前面表格生成。

2）污染物种类：关联前面表格生成，一般情况下每个污染物独立成行。

3）国家或地方污染物排放标准：从下拉菜单中选取对应污染物需执行的排放标准名称，在标准中检索出浓度限值填入，标准中有对速率限值做规定的应填入速率限值，没有规定的可不填，用"/"代替。填入浓度限值和速率限值时应注意单位，浓度限值单位一般为 mg/Nm^3，速率限值单位为 kg/h，部分污染物单位为无量纲或其他单位，如林格曼黑度。

4）环境影响评价批复要求。排污单位的环境影响评价批复文件有排放标准要求的，可将其排放标准的浓度限值填入此列。

5）承诺更加严格排放限值。排污单位承诺更加严格的浓度排放限值的填入此列。

3. 大气污染物有组织排放表

"大气污染物有组织排放表"主要填写大气有组织排放口各污染物的申请许可排放浓度限值、申请许可排放速率限值和申请年许可排放量限值，主要排放口和一般排放口分开填写。填报人员需准确填写单个污染物的申请许可排放浓度限值、申请许可排放速率限值，准确计算单个污染物的申请年许可排放量限值并填入，合计和总计内容全国排污许可证管理信息平台可自动计算。本表不能有空缺，无须填写的空格用"/"代替。使用案例 3 资料填写形成的本表参考结果如表 3-13 所示。需要说明的事项有：

1）申请许可排放浓度限值。排污单位的各污染物一般均需申请许可排放浓度限值，如无特殊情况的，与表 3-12 填写浓度限值要求一致。

2）申请许可排放速率限值。排污单位的各污染物一般均需申请许可排放速率限值，如无特殊情况的，与表 3-12 填写排放速率限值要求一致。

3）申请年许可排放量限值。排污单位一般需为主要排放口的特定污染物申请年许可排放量限值，特定污染物种类按照技术规范确定，也可由地方主管部门确定。申请年许可排放量限值需按照技术规范推荐方法计算，计算得出的结果与排污单位获的总量比较取严（即取最小值），一般按年计算。本排污单位属于简化管理的木质家具行业，按照《排污许可证申请与核发技术规范 家具制造工业》（HJ 1027—2019），不需要申请年许可排放量限值。如地方主管部门要求申请挥发性有机物年排放量限值的，可按照《排污许可证申请与核发技

术规范 家具制造工业》（HJ 1027—2019）"附录 E"计算挥发性有机物的年许可排放量限值，并与本排污单位获的挥发性有机物总量比较取严。

4）申请特殊排放浓度限值、申请特殊时段许可排放量限值。地方主管部门和排污单位有特殊排放浓度限值和特殊时段许可排放量限值要求的可填写此两列。

5）申请年排放量限值计算过程。有申请年许可排放量限值的需提供详细的计算过程，计算过程较长不能填入本表的，可另用文档编辑完成后以附件形式上传，并在本表注明"见附件"。不需申请的可不提供计算过程。

6）申请特殊时段许可排放量限值计算过程。有申请特殊时段许可排放量限值的需提供详细的计算过程，计算过程较长不能填入本表的，可另用文档编辑完成后以附件形式上传，并在本表注明"见附件"。

4. 大气污染物无组织排放表

"大气污染物无组织排放表"主要填写无组织排放大气污染物排放环节、排放标准和浓度限值信息。需考虑生产过程的无组织排放信息和增加厂界无组织排放信息。家具行业的"大气污染物无组织排放表"增加了一个"家具无组织排放控制要求"，在《排污许可证申请表（家具制造业）》样表中的编号为"表9-1"。本表不能有空缺，无须填写的空格用"/"代替。使用案例3资料填写形成的本表参考结果如表3-14和表3-15所示。需要说明的事项有：

1）生产设施编号/无组织排放编号。生产过程的生产设施编号参照前面已填写表格。厂界无组织排放编号在此处选择"厂界"即可。

2）产污环节。生产过程的无组织产污环节参照前面已填写表格。厂界无组织的产污环节可空缺，不需填写内容。

3）污染物种类。生产过程的无组织污染物种类参照前面已填写表格。厂界无组织污染物种类可结合实际参照技术规范确定。本排污单位确定的厂界污染物种类有颗粒物、挥发性有机物、苯、甲苯、二甲苯。

4）主要污染防治措施。生产过程的无组织污染防治措施参照前面已填写表格。厂界无组织污染防治措施按实际填写。

5）国家或地方污染物排放标准。从下拉菜单中选取对应污染物需执行的排放标准名称，在标准中检索出浓度限值填入，无组织污染物一般没有排放速率要求。

6）年许可排放量限值、申请特殊时段许可排放量限值。目前家具行业尚未对大气无组织污染物有年许可排放量限值要求，相关空格均无须填写，用"/"代替即可。

7）无组织排放控制要求。本部分为家具行业特有表格，主要填写该行业的无组织排放控制要求和该排污单位的无组织管控现状，可参照表格按实填写。本排污单位主要填写了涂装车间的无组织排放控制要求。

5. 企业大气排放总许可量

"企业大气排放总许可量"主要填写该排污单位大气排放总许可量信息，本表一般无须填写，全国排污许可证管理信息平台可自动计算"大气污染物有组织排放表"和"大气污染物无组织排放表"年许可排放量限值之和。使用案例3资料填写形成的本表参考结果如表3-16所示。

表 3-11 案例 3 表 6 大气排放口基本情况表

序号	排放口编号	排放口名称	污染物种类	排放口地理坐标 (1)		排气筒高度 (m)	排气筒出口内径 (m) (2)	排气温度 (℃)	其他信息
				经度	纬度				
1	FQ-1000001	有机废气排放口	挥发性有机物	（自定义）	（自定义）	15	0.5	常温	
2	FQ-1000002	喷漆废气排放口	二甲苯，甲苯，挥发性有机物，苯，颗粒物	（自定义）	（自定义）	15	0.8	常温	

表 3-12 案例 3 表 7 废气污染物排放执行标准表

序号	排放口编号	排放口名称	污染物种类	国家或地方污染物排放标准		速率限值（kg/h）	环境影响评价批复要求 (2)	承诺更加严格排放限值 (3)	其他信息
				名称	浓度限值				
1	FQ-1000001	有机废气排放口	挥发性有机物	《家具制造行业挥发性有机化合物排放标准》DB 44/814—2010	30mg/Nm³	2.9	30mg/Nm³	/mg/Nm³	
2	FQ-1000002	喷漆废气排放口	挥发性有机物	《家具制造行业挥发性有机化合物排放标准》DB 44/814—2010	30mg/Nm³	2.9	30mg/Nm³	/mg/Nm³	
3	FQ-1000002	喷漆废气排放口	甲苯	《家具制造行业挥发性有机化合物排放标准》DB 44/814—2010	20mg/Nm³	1.0	20mg/Nm³	/mg/Nm³	甲苯与二甲苯合计不超过 20mg/Nm³
4	FQ-1000002	喷漆废气排放口	苯	《家具制造行业挥发性有机化合物排放标准》DB 44/814—2010	1mg/Nm³	0.4	1mg/Nm³	/mg/Nm³	
5	FQ-1000002	喷漆废气排放口	二甲苯	《家具制造行业挥发性有机化合物排放标准》DB 44/814—2010	20mg/Nm³	1.0	20mg/Nm³	/mg/Nm³	甲苯与二甲苯合计不超过 20mg/Nm³
6	FQ-1000002	喷漆废气排放口	颗粒物	《大气污染物排放限值》DB 44/T 27—2001	120mg/Nm³	2.9	120mg/Nm³	/mg/Nm³	

表 3-13 案例 3 表 8 大气污染物有组织排放表

序号	排放口编号	排放口名称	污染物种类	申请许可排放浓度限值	申请许可排放速率限值(kg/h)	申请年许可排放量限值(t/a) 第一年	第二年	第三年	第四年	第五年	申请特殊时段排放浓度限值(1)	申请特殊时段许可排放量限值(2)
主要排放口												
			颗粒物			/	/	/	/	/	/	/
			SO_2			/	/	/	/	/	/	/
			NO_x			/	/	/	/	/	/	/
			VOCs			/	/	/	/	/	/	/
主要排放口合计												
一般排放口												
1	FQ-1000001	有机废气排放口	挥发性有机物	$30\,mg/Nm^3$	2.9	/	/	/	/	/	$/mg/Nm^3$	/
2	FQ-1000002	喷漆废气排放口	二甲苯	$20\,mg/Nm^3$	1.0	/	/	/	/	/	$/mg/Nm^3$	/
3	FQ-1000002	喷漆废气排放口	颗粒物	$120\,mg/Nm^3$	2.9	/	/	/	/	/		
4	FQ-1000002	喷漆废气排放口	甲苯	$20\,mg/Nm^3$	1.0	/	/	/	/	/	$/mg/Nm^3$	/
5	FQ-1000002	喷漆废气排放口	苯	$1\,mg/Nm^3$	0.4	/	/	/	/	/	$/mg/Nm^3$	/
6	FQ-1000002	喷漆废气排放口	挥发性有机物	$30\,mg/Nm^3$	2.9	/	/	/	/	/		
一般排放口合计			颗粒物									
			SO_2									
			NO_x									
			VOCs									
全厂有组织排放总计(3)												

(续)

序号	排放口编号	排放口名称	污染物种类	申请许可排放浓度限值	申请许可排放速率限值（kg/h）	申请许可排放量限值（t/a）					申请特殊时段许可排放浓度限值（1）	申请特殊时段许可排放量限值（2）
						第一年	第二年	第三年	第四年	第五年		
			颗粒物								/	/
			SO_2			/	/	/	/	/	/	/
			NO_x			/	/	/	/	/	/	/
			$VOCs$			/	/	/	/	/	/	/
全厂有组织排放总计												
主要排放口备注信息												
一般排放口备注信息												
全厂排放口备注信息												

申请年排放量限值计算过程：（包括方法、公式、参数选取过程，以及计算结果的描述等内容）

申请特殊时段许可排放量限值计算过程：（包括方法、公式、参数选取过程，以及计算结果的描述等内容）

项目3 家具企业排污许可的申报

表3-14 案例3 表9 大气污染物无组织排放表

序号	生产设施编号/无组织排放编号	产污环节(1)	污染物种类	主要污染物防治措施	国家或地方污染物排放标准名称	浓度限值(mg/Nm^3)	其他信息	年许可排放量限值(t/a) 第一年	第二年	第三年	第四年	第五年	申请特殊时段许可排放量限值
1	厂界		颗粒物	集气罩收集和管道相结合,然后经中央集尘器或简易布袋除尘设施处理	《大气污染物排放限值》DB 44/T 27—2001	$1.0mg/Nm^3$		/	/	/	/	/	/
2	厂界		苯	喷漆车间和晾干车间独立设置,车间整体密闭,有机废气负压收集并经"水帘机+水喷淋+UV光解+活性炭吸附"处理	《家具制造行业挥发性有机化合物排放标准》DB 44/814—2010	$0.1mg/Nm^3$		/	/	/	/	/	/
3	厂界		甲苯	喷漆车间和晾干车间独立设置,车间整体密闭,有机废气负压收集并经"水帘机+水喷淋+UV光解+活性炭吸附"处理	《家具制造行业挥发性有机化合物排放标准》DB 44/814—2010	$0.6mg/Nm^3$		/	/	/	/	/	/
4	厂界		二甲苯	喷漆车间和晾干车间独立设置,车间整体密闭,有机废气负压收集并经"水帘机+水喷淋+UV光解+活性炭吸附"处理	《家具制造行业挥发性有机化合物排放标准》DB 44/814—2010	$0.2mg/Nm^3$		/	/	/	/	/	/
5	厂界		挥发性有机物	喷漆车间和晾干车间独立设置,车间整体密闭,有机废气负压收集并经"水帘机+水喷淋+UV光解+活性炭吸附"处理	《家具制造行业挥发性有机化合物排放标准》DB 44/814—2010	$2.0mg/Nm^3$		/	/	/	/	/	/
6	MF0019	打磨废气	颗粒物	中央除尘系统	/	/		/	/	/	/	/	/
7	MF0026	打磨废气	颗粒物	中央除尘系统	/	/		/	/	/	/	/	/
8	MF0021	打磨废气	颗粒物	中央除尘系统	/	/		/	/	/	/	/	/

(续)

序号	生产设施编号/无组织排放编号	产污环节(1)	污染物种类	主要污染防治措施	国家或地方污染物排放标准 名称	国家或地方污染物排放标准 浓度限值(mg/Nm³)	其他信息	年许可排放量限值（t/a）第一年	第二年	第三年	第四年	第五年	申请特殊时段许可排放量限值
9	MF0020	打磨废气	颗粒物	中央除尘系统	/	/		/	/	/	/	/	/
10	MF0017	打磨废气	颗粒物	水帘机	/	/		/	/	/	/	/	/
11	MF0018	打磨废气	颗粒物	水帘机	/	/		/	/	/	/	/	/
12	MF0002	木工车间废气	颗粒物	中央除尘系统	/	/		/	/	/	/	/	/
13	MF0014	木工车间废气	颗粒物	中央除尘系统	/	/		/	/	/	/	/	/
14	MF0008	木工车间废气	颗粒物	袋式除尘	/	/		/	/	/	/	/	/
15	MF0013	木工车间废气	颗粒物	中央除尘系统	/	/		/	/	/	/	/	/
16	MF0001	木工车间废气	颗粒物	中央除尘系统	/	/		/	/	/	/	/	/
17	MF0005	木工车间废气	颗粒物	中央除尘系统	/	/		/	/	/	/	/	/
18	MF0004	木工车间废气	颗粒物	中央除尘系统	/	/		/	/	/	/	/	/
19	MF0011	木工车间废气	颗粒物	中央除尘系统	/	/		/	/	/	/	/	/
20	MF0003	木工车间废气	颗粒物	中央除尘	/	/		/	/	/	/	/	/
21	MF0009	木工车间废气	颗粒物	袋式除尘	/	/		/	/	/	/	/	/
22	MF0010	木工车间废气	颗粒物	中央除尘系统	/	/		/	/	/	/	/	/
23	MF0012	木工车间废气	颗粒物	中央除尘系统	/	/		/	/	/	/	/	/
全厂无组织排放总计					全厂无组织排放总计 颗粒物			/	/	/	/	/	/
					SO_2			/	/	/	/	/	/
					NO_x			/	/	/	/	/	/
					VOCs			/	/	/	/	/	/

项目3 家具企业排污许可的申报

表 3-15 案例3 表9-1 家具无组织排放控制要求

序号	生产单元	产污环节	无组织排放控制要求	公司无组织管控现状
1	涂装车间	调漆	1. 在密闭设备或密闭空间内进行； 2. 无法密闭的，安装废气收集设施并引入废气治理设施	在密闭的底漆房、面漆房内进行调漆作业，有机废气负压收集并经"水帘机+水喷淋+UV光解+活性炭吸附"处理，最终引至15m高排气筒排放
		涂装	1. 在密闭设备或密闭空间内进行； 2. 无法密闭的，安装废气收集设施并引入废气治理设施	底漆房和面漆房独立设置，整体密闭，有机废气负压收集并经"水帘机+水喷淋+UV光解+活性炭吸附"处理，最终引至15m高排气筒排放
		干燥	在密闭设备或密闭空间内进行，安装废气收集设施并导入废气治理设施	晾干房独立设置，整体密闭，有机废气负压收集并经"UV光解+活性炭吸附"处理，最终引至15m高排气筒排放
		打磨	采用负压作业，安装粉尘收集设施	负压收集，经水帘机处理后排放，通过车间门窗无组织排放至厂界

表 3-16 案例3 表10 企业大气排放总许可量

序号	污染物种类	第一年（t/a）	第二年（t/a）	第三年（t/a）	第四年（t/a）	第五年（t/a）
1	颗粒物	/	/	/	/	/
2	SO_2	/	/	/	/	/
3	NO_x	/	/	/	/	/
4	VOCs	1	1	1	/	/

企业大气排放总许可量备注信息

3.2.5 填写水污染物排放表

参照《排污许可证申请表（家具制造业）》样表和全国排污许可证管理信息平台表单，本部分共包含"废水直接排放口基本情况表""入河排污口信息表""雨水排放口基本情况表""废水间接排放口基本情况表""废水污染物排放执行标准表""废水污染物排放"6个表。本部分大部分内容关联或基于"3.2.3 填写排污单位登记信息表"的表 3-10 部分，填写内容应与前面表格对应。

由于本排污单位生产废水（水帘机和水喷淋废水）不外排，且雨污分流，生活污水从单独排放口通过市政生活污水管网排到城镇生活污水处理厂，雨水从单独排放口排到市政雨水管网。因此本部分表格大部分无须填写，只在"废水污染物排放"表的"一般排放口备注信息"和"全厂排放口备注信息"中备注生活污水和雨水排放信息即可。使用案例 3 资料填写形成的本表参考结果如表 3-17～表 3-22 所示。

填写完本部分内容后，信息公开的信息已填报齐全，重点管理的排污单位可开展申请前信息公开工作，本排污单位为简化管理，不需要开展申请前信息公开工作。

表 3-17 案例 3 表 11 废水直接排放口基本情况表

序号	排放口编号	排放口名称	排放口地理坐标（1）		排放去向	排放规律	间歇排放时段	受纳自然水体信息		汇入受纳自然水体处地理坐标（4）		其他信息
			经度	纬度				名称（2）	受纳水体功能目标（3）	经度	纬度	

表 3-18 案例 3 表 11-1 入河排污口信息表

序号	排放口编号	排放口名称	入河排污口			其他信息
			名称	编号	批复文号	

表 3-19 案例 3 表 11-2 雨水排放口基本情况表

序号	排放口编号	排放口名称	排放口地理坐标（1）		排放去向	排放规律	间歇排放时段	受纳自然水体信息		汇入受纳自然水体处地理坐标（4）		其他信息
			经度	纬度				名称（2）	受纳水体功能目标（3）	经度	纬度	

表 3-20 案例 3 表 12 废水间接排放口基本情况表

序号	排放口编号	排放口名称	排放口地理坐标（1）		排放去向	排放规律	间歇排放时段	受纳污水处理厂信息			
			经度	纬度				名称（2）	污染物种类	排水协议规定的浓度限值	国家或地方污染物排放标准浓度限值

项目3 家具企业排污许可的申报

表 3-21 案例 3 表 13 废水污染物排放执行标准表

序号	排放口编号	排放口名称	污染物种类	国家或地方污染物排放标准（1）		排水协议规定的浓度限值（如有）	环境影响评价批复要求	承诺更加严格排放限值	其他信息
				名称	浓度限值				

表 3-22 案例 3 表 14 废水污染物排放

序号	排放口编号	排放口名称	污染物种类	申请排放浓度限值	申请年排放量限值（t/a）（1）					申请特殊时段排放量限值
					第一年	第二年	第三年	第四年	第五年	
		主要排放口								
	主要排放口合计		CODcr							/
			氨氮							/
		一般排放口								
	一般排放口合计		CODcr							
			氨氮							
		全厂排放口源								
	全厂排放口总计		CODcr		/	/	/	/	/	
			氨氮		/	/	/	/	/	

主要排放口备注信息

一般排放口备注信息

生活污水经独立的生活污水处理设施处理达到广东省《水污染物排放限值》（DB 44/26—2001）二时段三级后，经市政管网排入某城镇生活污水处理厂

全厂排放口备注信息

实行雨污分流，雨水排入市政雨水管网

申请年排放量限值计算过程：（包括方法、公式、参数选取过程，以及计算结果的描述等内容）

申请特殊时段许可排放量限值计算过程：（包括方法、公式、参数选取过程，以及计算结果的描述等内容）
/

3.2.6 填写噪声排放信息表

参照《排污许可证申请表（家具制造业）》样表和全国排污许可证管理信息平台表单，本部分共包含"噪声排放信息"1个表。目前排污许可只对大气污染物和水污染物提出许可要求，因此噪声排放信息按表格指示内容填写即可，地方主管部门有其他要求的，从其规定。使用案例3资料填写形成的本表参考结果如表3-23所示。

表 3-23　案例 3 表 15 噪声排放信息

噪声类别	生产时段		执行排放标准名称	厂界噪声排放限值		备注
	昼间	夜间		昼间，dB（A）	夜间，dB（A）	
稳态噪声	08：00～17：00	至	《工业企业厂界环境噪声排放标准》（GB 12348—2008）	60	50	
频发噪声						
偶发噪声						

3.2.7　填写固体废物排放信息表

参照《排污许可证申请表（家具制造业）》样表和全国排污许可证管理信息平台表单，本部分共包含"固体废物排放信息"1 个表。目前排污许可只对大气污染物和水污染物提出许可要求，部分有技术规范的行业虽然有固体废物管理要求，但一般是指导性意见而非定量管理。因此和噪声排放信息一样，固体废物排放信息按表格指示内容填写即可，地方主管部门有其他要求的，从其规定。一般来说地方主管部门会要求排污单位填写危险废物信息。使用案例 3 资料填写形成的本表参考结果如表 3-24 所示。

3.2.8　填写环境管理要求表

参照《排污许可证申请表（家具制造业）》样表和全国排污许可证管理信息平台表单，本部分共包含"自行监测及记录信息表"和"环境管理台账信息表"2 个表。自行监测及记录信息表主要参照该行业自行监测技术指南或排污许可证申请与核发技术规范中的自行监测管理要求部分填写，没有行业指南或技术规范的，可参照《排污单位自行监测技术指南 总则》（HJ 819—2017）填写。环境管理台账信息表主要参照该行业排污许可证申请与核发技术规范中的环境管理台账记录要求部分填写，没有行业技术规范的，可参照《排污单位环境管理台账及排污许可证执行报告技术规范 总则（试行）》（HJ 944—2018）填写。

1. 自行监测及记录信息表

"自行监测及记录信息表"主要填写需要开展自行监测的污染物种类、监测设施、自动监测和手工监测频次等信息。按表格指示内容填写即可。使用案例 3 资料填写形成的本表参考结果如表 3-25 所示。需要说明的事项有：

1）排放口名称。自行监测的对象一般为排放口或厂界，本表排放口与"3.2.4 填写大气污染物排放表"和"3.2.5 填写水污染物排放表"部分的排放口关联。本排污单位的废水排放口均不属于外排口，不需要开展自行监测，因此本排污单位的自行监测对象为 1 个有机废气有组织排放口（FQ-1000001）、1 个喷漆废气排放口（FQ-1000002）和厂界无组织排放。

2）监测内容。本表所指的监测内容并非污染物种类，而是指在监测污染物时所需一并测定的物理参数，常见的有风速、风向、温度、湿度、空气流速、气压、烟气温度、烟气湿度、烟气流速、烟气压力、氧含量、流量等。其中无组织排放一般选择风速和风向，废水一般选择流量。

3）污染物名称。污染物名称与"3.2.4 填写大气污染物排放表"和"3.2.5 填写水气污

项目3 家具企业排污许可的申报

表 3-24 案例 3 表 16 固体废物排放信息

序号	固体废物来源	固体废物名称	固体废物种类	固体废物类别	固体废物描述	固体废物产生量(t/a)	处理方式	处理去向					其他信息
								自行贮存量(t/a)	自行利用(t/a)	自行处置(t/a)	转移量(t/a) 委托利用量 委托处置量	排放量(t/a)
1	SCX001	原料废包装桶	HW49	危险废物	油漆、胶水等原料废包装桶	0.8	委托处置	/	/	/	/ 1.1	/
2	SCX001	木材、木板、木条边角料	SW99	一般工业固体废物	生产过程中产生的边角料	1.8	委托处置	/	/	/	/ 1.8	/
3	SCX001	粉尘、木屑	SW99	一般工业固体废物	生产过程中产生的木质粉尘和木屑	0.6	委托处置	/	/	/	/ 0.6	/
4	SCX001	废包装材料	SW99	一般工业固体废物	纸质或塑料废包装材料	0.1	委托处置	/	/	/	/ 0.1	/

委托利用、委托处置

序号	固体废物来源	固体废物名称	固体废物类别	委托单位名称	危险废物利用和处置单位危险废物经营许可证编号
1	SCX001	原料废包装桶	危险废物	佛山市案例环保工业有限公司	44000000925
2	SCX001	木材、木板、木条边角料	一般工业固体废物	交由环卫部门清运	
3	SCX001	粉尘	一般工业固体废物	交由环卫部门清运	
4	SCX001	废包装材料	一般工业固体废物	交由环卫部门清运	

自行处置

序号	固体废物名称	固体废物类别	自行处置描述

表3-25 案例3 表17 自行监测及记录信息表

序号	污染源类别	排放口编号	排放口名称	监测内容(1)	污染物名称	监测设施	自动监测是否联网	自动监测仪器名称	自动监测设施安装位置	自动监测设施是否符合安装、运行、维护等管理要求	手工监测采样方法及个数(2)	手工监测频次(3)	手工测定方法(4)	其他信息
1	废气	FQ-1000001	有机废气排放口	温度、湿度、烟气流速、气压	挥发性有机物	手工					连续采样至少3个	1次/年	气相色谱法	
2		FQ-1000002	喷漆废气排放口	温度、湿度、烟气流速、气压	苯	手工					连续采样至少3个	1次/半年	《环境空气 苯系物的测定 活性炭吸附—二硫化碳解吸—气相色谱法》HJ 584—2010	
3		FQ-1000002	喷漆废气排放口	温度、湿度、烟气流速、气压	二甲苯	手工					连续采样至少3个	1次/年	《环境空气 苯系物的测定 活性炭吸附—二硫化碳解吸—气相色谱法》HJ 584—2010	
4		FQ-1000002	喷漆废气排放口	温度、湿度、烟气流速、气压	挥发性有机物	手工					连续采样至少3个	1次/年	气相色谱法	
5		FQ-1000002	喷漆废气排放口	温度、湿度、烟气流速、气压	颗粒物	手工					连续采样至少3个	1次/年	《固定污染源排气中颗粒物测定与气态污染物采样方法》GB/T 16157—1996	
6		FQ-1000002	喷漆废气排放口	温度、湿度、烟气流速、气压	甲苯	手工					连续采样至少3个	1次/年	《环境空气 苯系物的测定 活性炭吸附—二硫化碳解吸—气相色谱法》HJ 584—2010	
7		厂界		风速、风向	挥发性有机物	手工					连续采样至少3个	1次/年	气相色谱法	
8		厂界		风速、风向	甲苯	手工					连续采样至少3个	1次/年	《环境空气 苯系物的测定 活性炭吸附—二硫化碳解吸—气相色谱法》HJ 584—2010	
9		厂界		风速、风向	苯	手工					连续采样至少3个	1次/年	《环境空气 苯系物的测定 活性炭吸附—二硫化碳解吸—气相色谱法》HJ 584—2010	
10		厂界		风速、风向	二甲苯	手工					连续采样至少3个	1次/年	《环境空气 苯系物的测定 活性炭吸附—二硫化碳解吸—气相色谱法》HJ 584—2010	
11		厂界		风速、风向	颗粒物	手工					连续采样至少3个	1次/年	《环境空气 总悬浮颗粒物的测定 重量法》GB/T 15432—1995	

监测质量保证与质量控制要求：
委托有资质的第三方机构进行监测。

监测数据记录、整理、存档要求：
按照HJ 819—2017等标准要求，同步记录监测期间生产工况，安排专人专职对监测数据进行记录、整理、统计和分析，对监测结果的真实性、准确性、完整性负责。

染物排放表"部分的污染物种类关联，一般对环境排放的排放口或厂界对应的污染物均需开展自行监测。开展自行监测污染物排放量大的、有毒有害的、地区优先控制的、排放环境已超标的可以被认定为主要监测指标。本排污单位污染物名称确定为：有机废气有组织排放口（FQ-1000001）的挥发性有机物，喷漆废气排放口（FQ-1000002）的挥发性有机物、苯、甲苯和二甲苯，厂界的挥发性有机物、苯、甲苯、二甲苯和颗粒物。

4）监测设施。监测设施分为自动和手工。自动监测的污染物种类按照自行监测技术指南或排污许可证申请与核发技术规范确定，被要求自动监测的污染物一般不能手工监测。开展自动监测的填写本表自动监测相关信息，手工监测相关信息无须填写。不需要开展自动监测的可实行手工监测，只需要填写手工监测相关信息。

5）手工监测采样方法及个数。指污染物采样方法，如对于废水污染物有"混合采样（3个、4个或5个混合）""瞬时采样（3个、4个或5个瞬时样）"；对于废气污染物有"连续采样""非连续采样（3个或多个）"等。

6）手工监测频次。手工监测频次需按照自行监测技术指南或排污许可证申请与核发技术规范执行，最低监测频次不能低于指南或技术规范要求。本排污单位为简化管理，按照《排污许可证申请与核发技术规范 家具制造工业》（HJ 1027—2019）"7.3 自行监测要求"，有组织排放的挥发性有机物、苯、甲苯和二甲苯监测频次为1次/年，厂界无组织排放的挥发性有机物和颗粒物监测频次为1次/年，厂界无组织排放的苯、甲苯和二甲苯的未标明监测频次的，可参照《排污单位自行监测技术指南 总则》（HJ 819—2017）要求执行监测频次为1次/年。

7）手工测定方法。手工测定污染物浓度等使用的分析方法，污染物执行的排放标准附录一般有标明测定方法，参照选择即可。

8）监测质量保证与质量控制要求。可参照《排污单位自行监测技术指南 总则》（HJ 819—2017）要求填写。排污单位委托第三方有资质单位监测，可填写"委托有资质的第三方机构进行监测"。

9）监测数据记录、整理、存档要求。可参照《排污单位自行监测技术指南 总则》（HJ 819—2017）要求填写。

2. 环境管理台账信息表

"环境管理台账信息表"主要填写需要记录的内容、频次、形式等信息。按表格指示内容填写即可。使用案例3资料填写形成的本表参考结果如表3-26所示。需要说明的事项有：

1）类别。环境管理台账需要记录的信息类别，可参照《排污单位环境管理台账及排污许可证执行报告技术规范 总则（试行）》（HJ 944—2018）或该行业的技术规范填写，一般需填写基本信息、监测记录信息、其他环境管理信息、生产设施运行管理信息、污染防治设施运行管理信息五类。

2）记录内容。指对应类别需要记录的环境管理内容，可参照《排污单位自行监测技术指南 总则》（HJ 819—2017）、行业排污许可证申请与核发技术规范或行业排污单位自行监测技术指南填写。

3）记录频次。指记录环境管理内容的频次，可参照《排污单位自行监测技术指南 总则》（HJ 819—2017）、行业排污许可证申请与核发技术规范或行业排污单位自行监测技术指南填写。

4）记录形式。一般填写"电子台账+纸质台账"或类似描述即可。

5）其他信息。一般填写"保存期限不低于五年"或类似描述即可。

表 3-26 案例 3 表 18 环境管理台账信息表

序号	类别	记录内容	记录频次	记录形式	其他信息
1	基本信息	主要包括企业名称、生产经营场所地址、行业类别、法定代表人、统一社会信用代码、产品名称、生产工艺、生产规模、环保投资、排污权交易文件、环境影响评价审批意见及排污许可证编号等	对于未发生变化的基本信息，按年记录，1 次/年；对于发生变化的基本信息，在发生变化时记录	电子台账+纸质台账	保存期限不低于五年
2	监测记录信息	建立污染防治设施运行管理监测记录，记录、台账的形式和质量控制参照 HJ/T 373—2007、HJ 819—2017 等相关要求执行	监测数据的记录频次按 HJ 1027—2019 中所确定的监测频次要求记录		
3	其他环境管理信息	应记录无组织废气污染防治设施运行、维护、管理相关的信息	采取无组织废气污染控制措施的信息记录频次原则不小于 1 天		
4	生产设施运行管理信息	1) 生产运行情况包括生产设施、公用单元、全厂运行情况，重点记录排污许可证中相关信息的实际情况及与污染物治理、排放相关的主要运行参数。正常情况各生产单元主要生产设施的累计生产时间，主要产品产量，涂料、胶黏剂、固化剂等原辅材料使用情况等数据 2) 产品产量：记录统计时段内主要产品产量 3) 含挥发性有机物原辅料：记录名称、用量、主要成分含量、含水率	1) 生产运行状况：按照排污单位生产批次记录，每批次记录 1 次 2) 产品产量：连续性生产的排污单位产品产量按照批次记录，每批次记录 1 次。周期性生产的设施按照一个周期进行记录，周期小于 1 天的按照 1 天记录 3) 含挥发性有机物原辅料：按照批次记录，每批次记录一次		
5	污染防治设施运行管理信息	1) 正常情况：污染防治设施运行信息应按照设施类别分别记录设施的实际运行相关参数和维护记录 ① 有组织废气治理设施记录设施运行时间、运行参数等 ② 无组织废气排放控制记录措施执行情况 ③ 固体废物产生及处置运行管理信息记录产生环节、处置去向等 2) 非正常情况：污染防治设施非正常信息按工况记录，每个工况记录一次，内容应记录起止时段设施名称、编号、非正常起始时刻、非正常恢复时刻、污染物排放量、排放浓度、事件原因、是否报告、应对措施等	1) 正常情况 ① 污染防治设施运行状况：按照排污单位生产班次记录，每班次记录 1 次 ② 污染物产排污情况：连续排放污染物的，按班次记录，每班次记录 1 次。非连续排放污染物的，按照产排污阶段记录，每个产排污阶段记录 1 次 2) 非正常情况 按照非正常情况期记录，1 次/非正常情况期，包括起止时间、污染物排放浓度、非正常原因、应对措施、是否报告等		

3.2.9 填写增加的管理内容和改正信息表

参照《排污许可证申请表（家具制造业）》样表和全国排污许可管理信息平台表单，本部分共包含"有核发权的地方生态环境主管部门增加的管理内容（如需）"和"改正规定（如需）" 2 个部分，其中"改正规定（如需）"有"改正规定信息表"和"现有治理技术不能满足达标排放整改说明" 2 个表。本部分表格结合实际情况按需填写，使用案例 3 资料

填写形成的本部分参考结果如表3-27和表3-28所示,需要说明的事项有:

1) 有核发权的地方生态环境主管部门增加的管理内容(如需):有需要增加管理内容的,按实际填写,不需要增加的不填写,用"/"代替。

2) 改正规定(如需):有需要改正的地方的,按实际填写,不需要改正的不填写。手续不全、违法整改等信息填写"改正规定信息表";治理技术不能满足达标排放要求需整改的填写"现有治理技术不能满足达标排放整改说明"。本排污单位无整改内容,因此不填写。

表3-27 案例3 表19 改正规定信息表

序号	改正问题	改正措施	时限要求

表3-28 案例3 表20 现有治理技术不能满足达标排放整改说明

序号	治理设施编号及名称	整改具体措施	备注

3.2.10 上传附件

参照《排污许可证申请表(家具制造业)》样表和全国排污许可证管理信息平台表单,本部分共包含"守法承诺书(需法人签字)""符合建设项目环境影响评价程序的相关文件和证明材料""排污许可证申领信息公开情况说明表""通过排污权交易获取排污权指标的证明材料""城镇污水集中处理设施应提供纳污范围、管网布置、排放去向等材料""排污口和监测孔规范化设置情况说明材料""达标证明材料(说明:包括环评、监测数据证明、工程数据证明等。)""生产工艺流程图""生产厂区总平面布置图""监测点位示意图""申请年排放量限制计算过程""自行监测相关材料""地方规定排污许可证申请表文件"和"其他"14种附件形式。需要说明的事项有:

1) 必须上传的附件。必须要上传的附件有"守法承诺书(需法人签字)""排污许可证申领信息公开情况说明表"(重点管理必要材料)"生产工艺流程图""生产厂区总平面布置图""监测点位示意图"。其中"生产工艺流程图""生产厂区总平面布置图""监测点位示意图"如是在全国排污许可证管理信息平台上填报的,在"主要原辅材料和燃料"和"自行监测"部分会被要求上传,无须重复上传。"生产工艺流程图""生产厂区总平面布置图""监测点位示意图"会出现在生成的申请表附件中,其他附件一般不会出现,只保留在全国排污许可证管理信息平台上。

2) 按情况需上传的附件。排污单位实际开展某项工作,要说明或提供证明材料的,需上传对应附件。按情况需上传的附件有"通过排污权交易获取排污权指标的证明材料""城镇污水集中处理设施应提供纳污范围、管网布置、排放去向等材料""达标证明材料(说明:包括环评、监测数据证明、工程数据证明等。)""申请年排放量限制计算过程"和"其他"。

3) 按要求上传的附件。地方主管部门要求的附件,也需上传。地方主管部门一般也会要求排污单位上传"符合建设项目环境影响评价程序的相关文件和证明材料""排污口和监测孔规范化设置情况说明材料""自行监测相关材料"等附件。未出现在表单中的其他要求附件,可在"地方规定排污许可证申请表文件"和"其他"中上传。

项目4

电镀企业排污许可的申报

导言：

传统意义上的电镀工艺是利用电解原理在导电体表面铺上一层金属的方法。电镀工艺经过发展，也可以在无外加电流的情况下进行（如化学镀），或者给非金属（如塑料）电镀。产品或零件经电镀后可以提高美观性、抗腐蚀性、耐磨性、光滑性、硬度、金属质感等。电镀产品或零件在生产生活中较为常见，如餐具、铝合金门窗、不锈钢制品、汽车内饰、首饰、电子产品零件等。

排污许可管理中属于电镀工业的排污单位是指有电镀、化学镀、化学转化膜等生产工序和设施的排污单位，包括专业电镀企业和有电镀工序的企业，另外专门处理电镀废水的集中处理设施也可以按照电镀工业管理。属于电镀工业的排污单位行业类别主要为金属表面处理及热处理加工（336），但应注意并非所有属于该行业的排污单位都属于电镀工业，此外其他行业类别，特别是涉及金属表面处理的行业，也有可能属于电镀工业。排污单位在排污许可管理中是否属于电镀工业，应按照《排污许可证申请与核发技术规范 电镀工业》（HJ 855—2017）确定。

按照《排污许可证申请与核发技术规范 电镀工业》（HJ 855—2017），电镀工业排污单位主要生产工艺有前处理、镀覆处理、后处理等，配套设施有供电系统、供热系统、存储设施、污染防治设施等，生产设施主要有抛光设备、喷丸设备、热处理设备、除油槽、酸洗槽、中和槽、水洗槽、镀槽、电解槽、钝化槽、着色槽、烘干设备、清洗设备等。电镀工业废水类型主要有含铬废水、含镍废水、含锌废水、含氰废水、酸碱废水等，废气污染物主要为酸雾、氮氧化物、氟化物、氰化物、颗粒物等。可见电镀工业环境影响较大，特别是废水排放量大、污染物种类多、污染物环境危害大，是排污许可管理需要重点关注的内容。

在排污许可管理中，电镀工序也属于表面处理通用工序，且容易与表面处理通用工序中的酸洗、电泳等混淆。它们在工艺、生产设施或名称上与电镀工序部分一致或有相似之处，但在排污许可管理中不属于电镀工序，不能参照《排污许可证申请与核发技术规范 电镀工业》（HJ 855—2017）管理，应注意。

任务 4.1 填报电镀企业排污许可申请表

任务目标

能够依托收集、整理、制作的排污许可申报材料，填写电镀企业排污许可申请表，掌握排污许可申请表填写的技术要点。

任务分析

排污许可申请表的填写是排污许可证申请的重点和难点，排污许可申请表内容较多，涉及技术要点繁杂，因此填报技能需反复训练。项目 3 训练在有参考的情况下进行填报的能力，本项目训练独立进行填报的能力。

任务实施

根据案例资料和项目 3 中填报要点指引填报排污许可申请表。

4.1.1 排污单位提供资料

案例 4：案例表面处理有限公司

案例表面处理有限公司位于江门市恩平市，成立于 2012 年，主要从事不锈钢电化学抛光和铝合金的阳极氧化处理。作为电镀行业的企业，案例表面处理有限公司按照生态环境管理部门要求，申领排污许可证。为做好排污许可申报工作，案例表面处理有限公司委托第三方环境咨询服务公司申报人员开展具体事宜。申报人员明确工作流程、熟悉该行业申报技术要点后给案例表面处理有限公司提供资料清单，并请其协助提供排污许可相关资料。案例表面处理有限公司按照资料清单，尽力收集资料，并按时提交给申报人员。申报人员获取的资料如下：

1. 营业执照

案例表面处理有限公司提供的营业执照如图 4-1 所示。

2. 环境影响评价文件

本排污单位成立于 2012 年，成立时委托第三方编制了《案例表面处理有限公司建设项目》报告表，2013 年因业务变更，所需处理的金属件尺寸变大，对生产线进行了改建，重新编制了《案例表面处理有限公司改扩建建设项目》报告表。从环境影响评价报告表中，获取的有效信息有：

（1）基本信息

案例表面处理有限公司位于江门市恩平市 CD 工业区 03 号，法定代表人为张三，技术

图 4-1 案例表面处理有限公司营业执照

负责人为李四（联系方式 15901020000），占地面积 2540m²，总投资 120 万元，其中环保投资 20 万元。排污单位东面为工业区道路、西面为机械厂、南面为厂房（目前空置）、北面为河流。该公司主要产品和产能信息如表 4-1 所示，工作制度表如表 4-2 所示。

表 4-1 案例表面处理有限公司主要产品和产能信息

项目	变更前	变更后
工程规模	占地面积 2000m²，经营面积 1950m²	占地面积 2600m²，经营面积 2450m²
产品年产量	不锈钢表面处理 1300t，铝合金阳极氧化 600t	不锈钢表面处理 1300t，铝合金阳极氧化 600t

表 4-2 案例表面处理有限公司工作制度表

	员工人数	工作制度	食宿情况
变更前	10 人	全年工作 300 天，每天 1 班，每班 8h	厂外分散居住和就餐
变更后	10 人		

（2）主要生产工艺

不锈钢电化学抛光生产线主要生产工艺依次为：不锈钢手工打磨、除油、水洗、盐酸洗、水洗、磷酸/硫酸电化学抛光、水洗、碱洗、水洗、水洗、烘干、包装，如图 4-2a 所示。

铝合金阳极氧化生产线主要生产工艺依次为：铝合金手工打磨、除油、水洗、碱蚀（50～60℃/氢氧化钠/助剂）、水洗、硝酸/硫酸酸洗、水洗、硫酸阳极氧化、水洗、封闭（热水封闭）、烘干、包装，如图 4-2b 所示。

（3）主要生产设备

案例表面处理有限公司变更前后主要生产设备如表 4-3 所示。

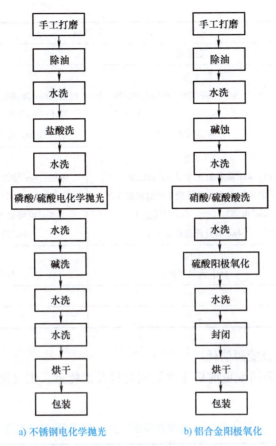

a) 不锈钢电化学抛光　　　　b) 铝合金阳极氧化

图 4-2　案例表面处理有限公司生产工艺

表 4-3　案例表面处理有限公司主要生产设备表

序号	工序/设备名称	数量	
		变更前	变更后
1	硅整流	6 台 输出电压 0～2000V 输出电流 0～100000A	6 台 输出电压 0～2000V 输出电流 0～100000A
2	酸洗线	1 条 包括：1m³ 除油缸、盐酸缸各 1 个， 1m³ 前处理清洗缸 2 个	拆除
3	酸洗线	1 条 包括：1m³ 除油缸、盐酸缸各 1 个， 1m³ 前处理清洗缸 1 个	拆除
4	不锈钢电化学抛光生产线	3 条 包括：4m³ 磷酸、硫酸电解缸 3 个， 0.9m³ 清水缸 6 个，0.9m³ 碱水缸 3 个， 1.2m³ 清水缸 3 个	1 条 包括：6m³ 除油缸 1 个、6m³ 盐酸酸洗缸 1 个， 前处理 6m³ 清洗缸 2 个、6m³ 电解缸 2 个， 后处理 6m³ 清水缸 3 个、6m³ 碱洗缸 1 个

(续)

序号	工序/设备名称	数量	
		变更前	变更后
5	不锈钢电化学抛光生产线	3条 包括：2m³、3m³、4m³磷酸、硫酸电解缸各1个，0.9m³清水缸6个，0.9m³碱水缸3个，1.2m³清水缸3个	1条 包括：6m³除油缸1个、6m³盐酸洗缸1个，前处理6m³清水缸2个、6m³电解缸2个，后处理6m³清水缸3个、6m³碱洗缸1个
6	铝合金阳极氧化生产线	1条 包括：4m³除油缸1个、4m³碱蚀缸1个，4m³酸洗缸1个、前处理4m³清水缸3个，4m³电解缸1个、4m³封闭缸1个，4m³后处理清水缸1个	1条 包括：4m³除油缸1个、4m³碱蚀缸1个，4m³酸洗缸1个、前处理4m³清水缸3个，4m³电解缸1个、4m³封闭缸1个，4m³后处理清水缸1个
7	锅炉	1台 1t/h天然气锅炉	1台 1t/h天然气锅炉
8	电力烘干机	5台	5台
9	排空机	2台	拆除

(4) 主要原辅材料及能源消耗

案例表面处理有限公司变更前后主要原辅材料及消耗量、主要能源消耗量如表4-4和表4-5所示。

表4-4 案例表面处理有限公司主要原辅材料及消耗量

序号	名称	变更前消耗量/（t/a）	变更后消耗量/（t/a）	来源
1	硫酸	2.5	2.5	外购
2	磷酸	2.0	2.0	
3	盐酸	1.2	1.2	
4	硝酸	1.0	1.0	
5	碱液	1.5	1.5	
6	铬酐	0.5	0.5	
7	铁粉	1.2	1.2	
8	不锈钢	1300	1300	
9	铝合金	600	600	

注：涉及配方的原辅料未在本表列出。

表4-5 案例表面处理有限公司主要能源消耗量

序号	项目	用途	变更前	变更后	备注
1	水	生活用水	150m³/a	150m³/a	市政供水
		生产用水	24000m³/a	24000m³/a	
2	电	生产生活用电	2万kW·h/a	2万kW·h/a	市政供电
3	天然气	生产用气	3万m³/a	3万m³/a	市政供气

(5) 废气、废水污染防治设施

1) 废气污染防治设施。本排污单位产生废气主要为不锈钢电化学抛光生产线和铝合金阳极氧化生产线产生的酸碱废气，以及天然气锅炉燃烧产生的锅炉烟气。其中酸碱废气经处理设施处理后（处理工艺如图 4-3 所示）通过废气排放口 1（编号 FQ-00700）排放，锅炉烟气不经处理通过废气排放口 2（编号 FQ-00710）排放。两个发放口高度均为 15m，内径均为 0.8m。

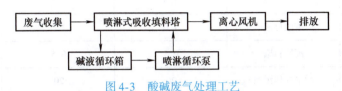

图 4-3　酸碱废气处理工艺

2) 废水污染防治措施。本排污单位废水类型有生活污水、含铬生产废水和综合生产废水。其中生活污水通过独立排放口经市政生活污水管网排入城镇生活污水处理厂。含铬生产废水（约 10000t/a）产生在不锈钢电化学抛光环节，经车间排放口（编号 WS-00600）排入含铬生产废水处理设施，经处理后排入排污单位的综合生产废水处理设施再处理。其他生产废水（约 14000t/a）排入综合生产废水处理设施，经处理后通过总排口（编号 WS-00610）排入工业区下水道，再排入附近石涌（水体功能目标为Ⅳ类）。含铬生产废水和综合生产废水处理工艺如图 4-4 所示，两种废水均为间断排放，排放时间为 10：00～17：00。

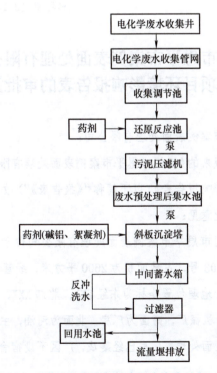

图 4-4　含铬生产废水和综合生产废水处理工艺

雨水经排污单位内单独的雨水管道收集后通过独立排放口排入市政雨水管网。

（6）固体废物信息

案例表面处理有限公司变更前后固体废物信息如表4-6所示。

表4-6 案例表面处理有限公司固体废物处置信息

序号	项目	变更前/（t/a）	变更后/（t/a）	处置方式
1	生活垃圾	1.5	1.5	环卫部门清运
2	废酸母液	1.0	1.0	交有资质单位处理
3	废原料罐	0.5	0.5	交有资质单位处理
4	污水处理污泥	20	20	交有资质单位处理
5	废机油、废抹布	0.01	0.01	交有资质单位处理

3. 环境影响评价审批文件

案例表面处理有限公司变更后的环境影响评价审批文件如图4-5所示。

管　理　部　门

恩环审［2013］000号

关于江门市恩平市案例表面处理有限公司改建建设项目环境影响报告表的审批意见

江门市恩平市案例表面处理有限公司：

　　你公司报来的《江门市恩平市案例表面处理有限公司改建建设项目环境影响报告表》（以下简称"《报告表》"）收悉。经研究，提出如下审批意见：

　　一、江门市恩平市案例表面处理有限公司位于江门市恩平市CD工业区03号，占地面积为2600平方米，经营面积2637.7平方米，中心地理位置坐标为东经XXX，北纬XXX，东面为工业区路，西面为机械厂，南面为厂房，北面为河涌，主要经营不锈钢和铝合金表面处理，厂房已经建成，厂区不设宿舍和食堂。项

图4-5 案例表面处理有限公司环境影响评价审批文件

目原于2012年11月8日获得我局批准，恩环审[2012]00号，现变更生产规模，变更后的主要生产设施为不锈钢电化学抛光生产线2条，铝合金阳极氧化生产线1条，1蒸吨/小时天然气锅炉1台等。

二、项目建成后年加工不锈钢表面处理1300吨、铝材600吨。根据《报告表》的评价结论，在全面落实《报告表》提出的各项污染防治措施，制定切实可行的环境风险防范措施和应急预案，并确保污染物达标排放的前提下，从环境保护角度，我局同意你公司按照《报告表》所列建设项目的性质、地点、规模和环境保护对策措施进行项目建设。

三、建设单位必须落实《报告表》中提出的各项污染防治措施，并执行以下要求：

（一）应优先采取先进的清洁生产工艺、先进规范的生产管理制度，采取有效的措施减少物耗、水耗、能耗和污染物的产生量，最大限度地从源头削减污染物的排放量，持续提高项目的清洁生产水平。

（二）按照"清污分流、雨污分流"的原则优化设置给、排水系统。运营期本项目生产过程使用铬酐0.5吨/年，含铬废水经独立的还原、中和、沉淀处理达到广东省《水污染物排放限值标准》(DB 44/26—2001)表1要求，保证车间达标，和表面处理清洗废水混合经混凝沉淀处理达到《广东省水污染物排放限值标准》(DB 44/26—2001)第二时段二级标准，50%回用于生产，剩余50%和生活污水经处理达标后排入附近内河涌，远期排入污水处理厂。本项目水中污染物化学需氧量年排放总量控制指标为2.64吨，与变更前的总量保持不变。落实《报告表》中提出的防止地下水污染的措施，确保项目不污染地下水。

（三）酸雾必须配套碱液吸收系统，确保达标排放。颗粒物、铬酸雾、硫酸雾、氯化氢排放执行《广东省大气污染物排放限值

图4-5 案例表面处理有限公司环境影响评价审批文件（续）

标准》(DB 44/27—2001)第二时段二级标准。加强废气收集处理，对车间进行密闭，不得存在无组织废气排放源，全部废气经收集处理后通过排气筒集中楼顶（高度15米）达标排放。根据《报告表》的计算结果，本项目不需要设大气环境防护距离和卫生防护距离。

（四）优化厂区布局，采用低噪声的设备，并采取有效的消声隔音措施，确保营运期相应的厂界噪声达到《工业企业厂界环境噪声排放标准》(GB 12348—2008) 3类标准。

（五）加强环境风险防范，并制定环境风险应急预案，按《报告表》要求设立足够容量的风险事故池。固体废物实施分类收集，其中属危险废物的必须按照《危险废物转移联单管理办法》及其他有关规定，统一交由持相关危险废物经营许可证的单位处理。一般工业固体废物和危险废物在厂内暂存必须分别符合《一般工业固体废物贮存、处置场污染控制指标》(GB 18599—2001)和《危险废物贮存污染控制标准》(GB 18597—2001)的有关要求。生活垃圾统一收集后交环卫部门妥善处置。

四、将项目的环保投资纳入工程投资预算并加以落实。项目建设必须严格执行配套建设的环境保护设施与主体工程同时设计、同时施工、同时投入使用的规定。该项目在正式运营前须向我局申请建设项目竣工环境保护验收。

项目日常环境保护监督检查工作由管理部门负责。

2013年12月25日

图4-5 案例表面处理有限公司环境影响评价审批文件（续）

4. 厂区平面布置图

案例表面处理有限公司提供的厂区平面布置图如图4-6所示。

5. 承诺书

案例表面处理有限公司提供的承诺书如图4-7所示。

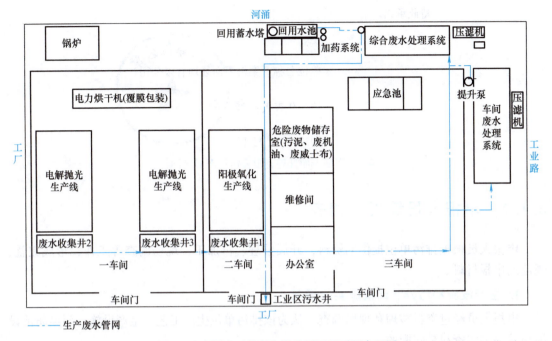

图 4-6　案例表面处理有限公司厂区平面布置图

承诺书

江门市恩平市环境保护局：

我单位已了解《排污许可管理办法(试行)》及其他相关文件规定，知晓本单位的责任、权力和义务。我单位对所提交排污许可证申请材料的完整性、真实性和合法性承担法律责任。我单位将严格按照排污许可证的规定排放污染物、规范运行管理、运行维护污染防治设施、开展自行监测、进行台账记录并按时提交执行报告、及时公开信息。我单位一旦发现排放行为与排污许可证规定不符，将立即采取措施改正并报告环境保护主管部门。我单位将配合环境保护主管部门监管和社会公众监督，如有违法违规行为，将积极配合调查，并依法接受处罚。

图 4-7　案例表面处理有限公司承诺书

特此承诺。

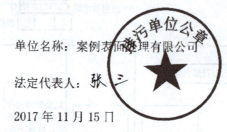

单位名称：案例表面处理有限公司

法定代表人：张三

2017 年 11 月 15 日

图 4-7　案例表面处理有限公司承诺书（续）

4.1.2　申报人员填报申请表

申报人员根据排污单位提供的资料，开展整理、再加工、现场调查等工作，形成完整、规范的申报材料。

1. 生产设施和污染防治设施实际情况

申报人员经过资料整理和现场调查，认为该排污单位生产工艺、生产设施、污染防治设施与其提供的资料是匹配的。

2. 原辅材料实际情况

申报人员经过资料整理和现场调查，认为该排污单位产能和原辅材料与提供资料是匹配的，但原辅料未按生产线分开，且污染治理设施的处理药剂使用量未提供，这里一并将其纳入统计，如表4-7所示。

表 4-7　案例表面处理有限公司实际使用的原辅材料及药剂表

工序	名称	年用量	单位
电化学抛光生产线	铬酐	0.5	t
	磷酸	2.0	t
	碱液	0.5	t
	硫酸	1.3	t
	铁粉	0.8	t
	不锈钢	1300	t
阳极氧化生产线	硝酸	1.0	t
	碱液	1.0	t
	硫酸	1.2	t
	铁粉	0.4	t
	铝合金	600	t
废气治理设施	烧碱	5	t
废水处理设施	石灰	4	t
	亚硫酸钠	2	t
	聚丙烯	0.1	t

3. 申领信息公开情况说明表

申报人员制作的申领信息公开情况说明表示意图如图 4-8 所示。

排污许可证申领信息公开情况说明表（试行）

企业基本信息			
1. 单位名称	案例表面处理有限公司	2. 通信地址	江门市恩平市 CD 工业区 03 号
3. 生产区所在地	广东省江门市恩平市	4. 联系人	李四
5. 联系电话	15000001111	6. 传真	—
信息公开情况说明			
信息公开起止时间	2017 年 11 月 18 日—2017 年 11 月 24 日		
信息公开方式	公共网站：全国排污许可证管理信息平台		
信息公开内容	是否公开下列信息 ☑排污单位基本信息 ☑拟申请的许可事项 ☑产排污环节 ☑污染防治设施 ☑其他信息 未公开内容的原因说明：		
反馈意见处理情况	无反馈意见		

单位名称（加盖公章）：案例表面处理有限公司

法定代表人（签字）：张 三

日期：2017 年 11 月 18 日

图 4-8 案例表面处理有限公司申领信息公开情况说明表示意图

4. 排污口规范化说明

对排污单位的废水排放口和有组织废气排放口的数量、编号、位置、排气筒高度、是否规范化设置、排放污染物种类、是否安装自动监测设备、自动监测设备是否与生态环境部门联网等信息加以说明。其中是否规范化设置是指是否按照技术规范、导则、标准的要求建设排污口、设置采样孔和设置标识牌等，可以参考的技术规范、导则、标准有《固定污染源排气中颗粒物测定与气态污染物采样方法》《固定污染源烟气排放连续监测技术规范》《广东省污染源排污口规范化设置导则》等。排污口规范化说明文件目前没有全国模板，地方生态环境部门有统一要求的可遵照执行。

5. 自行监测方案

申报人员可结合排污单位提供的资料，按照排污许可证申请与核发技术规范自行监测管理要求部分和排污单位自行监测技术指南要求制定自行监测方案。由于电镀行业有行业自行监测技术指南，因此本排污单位的自行监测方案按照《排污单位自行监测技术指南 电镀工业》（HJ 985—2018）制定即可。自行监测方案目前没有全国模板，推荐按照以下大纲进行编写：

1）排污单位基本情况。描述排污单位的基本信息、生产工艺信息、生产设备信息、原辅材料信息等。

2）废水污染物监测方案。描述废水排放口设置情况、监测位置、监测指标、许可排放浓度限值、执行标准名称、监测频次、监测方法等信息，监测点位需绘制监测布点图。

3）废气污染物监测方案。描述有组织废气排放口和无组织废气排放的设置情况、监测位置、监测指标、许可排放浓度限值、执行标准名称、监测频次、监测方法等信息，监测点位需绘制监测布点图。

4）噪声监测方案。描述噪声监测位置、排放标准、执行标准名称、监测频次、监测方法等信息，监测点位需绘制监测布点图。

5）质量保证与质量控制。可按照排污单位自行监测技术指南或排污许可证申请与核发技术规范自行监测管理要求部分的质量保证与质量控制要求编写。

废水、废气、噪声监测布点可绘制在同一张监测布点图上。

6. 年许可排放量计算

主要排放口的特定污染物需申请年许可排放量，按照《排污许可证申请与核发技术规范 电镀工业》（HJ 855—2017）和《排污许可证申请与核发技术规范 锅炉》（HJ 953—2018），本排污单位含铬生产废水车间排放口和综合生产废水排放口为主要排放口，生活污水和雨水为一般排放口，两个有组织废气排放口为一般排放口。按照《排污许可证申请与核发技术规范 电镀工业》（HJ 855—2017），含铬生产废水车间排放口的总铬、六价铬，综合生产废水排放口的化学需氧量、氨氮，需计算年许可排放量。本排污单位暂无年许可排放量按月细化和特殊时段许可排放量要求。化学需氧量、氨氮、总铬、六价铬的年许可排放量计算需有过程并填入排污许可申请表或作为附件上传。推荐按照以下大纲编写计算过程：

1）计算依据。描述计算方法、计算公式以及依据文件，一般按照排污许可证申请与核发技术规范许可排放限值部分确定计算方法或计算公式；有多个计算依据的，应全部列出。

2）计算过程。描述计算方法或计算公式中各参数的取值方法或取值依据，逐个计算每个污染物的年许可排放量限值。

3）按照从严原则取值。排污单位如有通过总量分配文件获得污染物排放总量的，计算结果应与排放总量进行比较，按照从严原则选取数值，作为许可排放量限值的最终取值。年许可排放量取值过程推荐采用表格体现，如表4-8所示。

项目4 电镀企业排污许可的申报

表 4-8 案例表面处理有限公司年许可排放量取值表

污染物	总量分配计划/（t/a）	年许可排放量计算值/（t/a）	本次申报年许可排放量/（t/a）
化学需氧量	2.64		
氨氮	/		
总铬	/		
六价铬	/		

7. 排污许可申请表填写

申报人员在全国排污许可证管理信息平台填报排污许可申请表各表单，各表单填写技术要点可参照项目2和项目3的内容。

8. 附件上传

申报人员在全国排污许可证管理信息平台上传所需附件。

任务 4.2　审核电镀企业排污许可申请

任务目标

熟悉排污许可申请审核的主要内容，明确审核要点，能够对排污许可申请表进行审核并出具审核意见。

任务分析

审核排污许可申请是核发生态环境主管部门排污许可管理和申报单位内部质量控制的重要内容，其中最重要的是做好排污许可申请表的审核。审核主要关注排污单位填报材料的完整性和规范性，有必要的情况下应进行现场核实。

任务实施

完成案例排污单位排污许可申请表填写和其他申报材料的制作后，组织实施案例排污单位的排污许可申请表和其他申报材料的审核，其中最主要的是参照排污许可证申请与核发技术规范进行排污许可申请表审核。

4.2.1　明确审核内容

审核排污许可申请是核发生态环境主管部门排污许可管理和申报单位内部质量控制的重要内容，其中最重要的是做好核发排污许可证的申请审核。要想做好排污许可证申请的审核，首先应明确审核内容，这里将审核内容总结为以下几点。

1. 基本条件审核

1）排污单位不能位于法律法规规定的禁止建设区域内。

2）排污单位的生产工艺、生产设施和产品不能属于国家或地方行政管理部门明令淘汰或者立即淘汰的落后生产工艺、落后装备和落后产品。

3）排污单位不能属于法律法规规定不予许可的其他情形。

4）排污单位应具有符合国家或地方要求的污染防治设施或污染物处理能力。

5）排污单位应具有建设项目环境影响评价文件审批文号或同等效力的文件，或者具有按照有关国家规定经地方人民政府依法处理、整顿规范并符合要求的相关证明材料。

6）排污单位的排污口设置应符合国家和地方要求。

7）其他要求。

2. 提交材料审核

按照《排污许可管理办法（试行）》、《排污许可管理条件》和地方生态环境主管部门要求，排污单位申请排污许可证需提交必要的电子版和纸质版材料，提交材料应齐全，本案例排污单位应提交的必要申报材料至少应包括：

1）承诺书。

2）排污许可申请表。

3）排污许可证申领信息公开情况说明表。

4）排污单位有关排污口规范化的情况说明文件。

5）建设项目环境影响评价文件审批文号。

6）总量控制指标分配计划文件（本排污单位总量控制指标分配计划文件为环评批复）。

7）自行监测方案。

8）生产工艺流程图。

9）生产厂区总平面布置图。

10）监测点位示意图。

3. 完整性和规范性审核

完整性和规范性审核是指提交材料的内容是否完整和规范，通俗的理解就是提交的材料内容不能有缺漏且应正确。本案例排污单位提交材料的完整性和规范性审核要点至少包括：

1）承诺书：承诺书推荐使用模板，签字人应为法定代表人；没有法定代表人或不具法定代表人资格的可以是该排污单位的实际负责人。单位名称应为全称，盖章应为排污单位公章。

2）排污许可申请表：填写内容应完整、真实、规范，重点审核主要生产设施、主要废水废气产排污节点、许可浓度、许可排放量、自行监测要求等。

3）排污许可证申领信息公开情况说明表：重点排污单位需要开展排污许可证申领信息公开，公开时间不得少于5个工作日，公开事项应选择正确。单位名称、签字和盖章应与承诺书一致。

4）排污单位有关排污口规范化的情况说明文件。应对存在的废水排放口和有组织废气排放口加以说明，说明内容包括编号、位置、设置方式、规范或标准的相符性、排放污染物种类、标志等。

5）建设项目环境影响评价文件审批文号。应填报所有的环境影响评价文件审批文号，建议提供环境影响评价文件审批文件作为附件。

6）总量控制指标分配计划文件。对于需申请年许可排放量的污染物，有总量控制指标的不能遗漏。

7）自行监测方案。主要污染物不能有缺漏，监测频次应符合自行监测技术指南或排污许可证申请与核发技术规范要求。

8）生产工艺流程图。主要生产环节不能有遗漏，生产环节应与生产设施、原辅材料和燃料对应。

9）生产厂区总平面布置图。应包括主要生产线、厂房、设备位置关系，注明厂区雨水、污水的收集走向、排放口位置等内容。

10）监测点位示意图。应标明废水和有组织废气排放口监测点位，需要监测无组织排放和厂界噪声的应标明无组织排放和厂界噪声监测点。

显然在完整性和规范性审核中，排污许可申请表的审核是重难点，有必要进行单独学习和训练。

4. 现场核实

有必要进行现场核实的排污单位，可以进行现场核实，主要核实生产单元、生产线、主要生产设施、污染防治措施、排污口等信息。

4.2.2 审核排污许可申请表

排污许可申请表审核的主要依据为排污许可证申请与核发技术规范，本排污单位主要参照《排污许可证申请与核发技术规范 电镀工业》（HJ 855—2017）审核，此外也需使用到《国民经济行业分类》（GB/T 4754—2017）、《固定污染源排污许可分类管理名录（2019年版）》、《排污单位自行监测技术指南 电镀工业》（HJ 985—2018）、排放标准等文件。下面结合案例排污单位信息，就排污许可申请表各表单的审核要点进行说明。

1. 排污单位基本信息表

1）行业类别。排污单位行业类别应选择正确和完整，有多个行业类别的应选择多个行业类别，有通用工序的应选择相应通用工序，行业类别应划分到小类。

2）重点区域。排污单位是否属于重点区域应判断正确，重点区域的类型有大气重点控制区、总磷控制区、总氮控制区、重金属污染特别排放限值实施区域。

3）环评批复。排污单位有环境影响评价文件批复文件的，应填写所有批复文件文号，没有环境影响评价文件批复文件的，应填写地方生态环境主管部门认定或备案的相关文件名和文号。两者皆无的，应核实具体情况。

4）管理类别。管理类别应选择正确，有多个行业的应逐个核对管理类别，按从严原则选择管理类别。

5）总量分配计划。排污单位有总量分配计划的，应填写总量分配计划文件文号，并选择有总量分配计划的污染物名称。属于重点污染物控制区的排污单位，也应确认重点污染物是否有纳入总量分配计划。

2. 主要产品及产能信息表

1）填写内容。排污单位有多个行业类别的，属于重点管理和简化管理的部分应填入本表，属于登记管理的部分应填入补充登记信息表。

2）主要生产单元和主要工艺。主要生产单元和主要工艺应按照排污许可证申请与核发技术规范、结合实际合理划分，填写应完整。电镀企业主要生产单元可按生产线划分，完整的电镀生产线一般有前处理、镀覆处理、后处理三个基本工艺环节。有多个同种工艺生产线的，建议划分成不同单元。有公用单元或辅助单元的应填写完整。

3）生产设施。生产设施应与主要生产单元和主要工艺对应填写，并填写编号和参数信息。生产设施和参数名称尽量使用规范名称，优先选择推荐选项。生产设施，特别是主要生产设施，数量应填报准确。同类型同参数的生产设施一般需分开填写、单独编号，部分产物环节不明显且数量较大的非主要设备可合并填写。多个镀覆处理工序共用前处理和后处理设施的，应填入每条使用该设施的生产线，共用设施使用相同编号。

4）产品信息。产品信息应填写完整，产品名称建议明确、具体，产能合理，生产时间应注意计量单位是小时还是天。

3. 主要原辅材料及燃料信息表

1）原辅材料信息。原辅材料信息应与主要生产单元对应，原辅材料名称尽量使用规范名称，优先选择推荐选项。正确区分原料和辅料，年使用量填写正确，物理或化学参数属于必填项的应填写，排污许可证申请与核发技术规范有规定的按规定执行。

2）有毒有害物质。原辅材料包含有毒有害物质的，应填写成分和占比，非必填项没有或不清楚的可用"/"或不填，不推荐用"0"代替。

3）处理药剂。有废气或废水处理设施，并使用了药剂，也需填入本表格。

4）燃料。排污单位有使用燃料的，需填写燃料信息，填写使用量时应注意计量单位。除使用量外，燃料一般还需填报热值、硫分、挥发分、灰分等，非必填项目没有或不清楚的可用"/"或不填，不推荐用"0"代替。

4. 废气产排污环节、污染物及污染治理设施信息表

1）产排污环节。废气产排污环节与"主要产品及产能信息表"中的"生产实施"关联，产排污环节应结合实际、参照排污许可证申请与核发技术规范仔细确认，不能有遗漏。电镀工序主要的废气产生环节为使用酸或碱清洗或镀覆的环节，有其他环节的也应考虑。

2）污染物种类。废气污染物种类的选择参考排污许可证申请与核发技术规范，国家或地方排放标准中规定的污染物也需纳入考虑。电镀企业常见的废气污染物有盐酸雾（用氯化氢表征）、硫酸雾、硝酸雾（用氮氧化物表征）、碱雾等，有打磨环节的应考虑颗粒物排放，有使用燃料的锅炉或工业炉窑的，应考虑颗粒物、二氧化硫、氮氧化物、林格曼黑度、汞及其化合物等。

3）污染防治设施。污染防治设施工艺应正确选择或填写，是否为可行性技术应参照排污许可证申请与核发技术规范确定，不是可行性技术的，可以提供证明材料（常见的为监测数据）证明该技术能满足达标排放效果。锅炉废气中汞及其化合物、林格曼黑度采用的是协同治理措施，因此其污染治理设施编号应填"无"或"/"，并在"污染治理设施其他信息"中备注"协同处理"。

4）排放口。废气有组织排放的，应填写排放口编号和排放口名称，排放口编号优先使用地方环保部门备案的废气排放口编号；没有的，可自行编号或参考《排污单位编码规则》（HJ 608—2017）编号。有多个排放口的应注意排放口和产污设施的对应。排放口类型应确认选择正确，按照排污许可证申请与核发技术规范确定一般排放口或重点排放口，电镀企业

的工艺废气排放口为一般排放口。由于在《排污许可证申请与核发技术规范 电镀工业（HJ 855—2017）》之后又颁布了《排污许可证申请与核发技术规范 锅炉》（HJ 953—2018），电镀企业的锅炉废气排放口类型应按照该规范执行。

5. 废水类别、污染物及污染治理设施信息表

1）废水类型。废水是电镀企业关注的重点。电镀企业的废水类型可分为含氰废水、重金属废水（可能是含铬废水、含镍废水、含锌废水、含铜废水等）、综合污水（可能含经处理的含氰废水、重金属废水，酸碱废水，生活污水，初期雨水）等。废水类型应结合实际、参照排污许可证申请与核发技术规范仔细确认。

2）污染物种类。污染物种类的选择参考排污许可证申请与核发技术规范，国家或地方排放标准中规定的污染物也需纳入考虑。废水污染物种类的选择参考排污许可证申请与核发技术规范，国家或地方排放标准中规定的污染物也需纳入考虑，应仔细确认排污单位是否有氰化物、重金属污染物的排放。

3）排放口。按照《排污许可证申请与核发技术规范 电镀工业》（HJ 855—2017），除单独排放的生活污水和初期雨水排放口为一般排放口外，其他的排放口均为主要排放口。电镀企业的排放口还需区分车间排放口和总排口，排污单位的分质污水处理设施则排放口为设施或车间排放口，综合污水处理设施为总排口。如排污单位废水排入厂外工业污水集中处理设施，则排污单位的排放口为主要排放口。因此电镀企业在"排放口类型"的选择上可以是主要排放口-设施或车间排放口、主要排放口-主要排放口、主要排放口、一般排放口等。

6. 大气排放口基本情况表

排放口与"废气产排污环节、污染物及污染治理设施信息表"中的排放口关联，本表只需按实填写排放口地理坐标、排气筒高度、排气筒出口内径和排气温度，其中排气筒高度是地面到排气筒出口的高度，排气筒是不规则形状的应填等效内径，排气温度是常温的可填写常温，不是常温的按实填写。

7. 废气污染物排放执行标准表

1）污染物种类。排放口编号、排放口名称、污染物种类与"废气产排污环节、污染物及污染治理设施信息表"中的污染物种类关联。

2）国家或地方污染物排放标准。应核实选择的国家或地方污染物排放标准、浓度限值或速率限值是否正确，国家或地方污染物排放标准应注意标准编号。排放标准中有特别排放限值的应注意特别排放限值是否在排污单位所在区域执行。电镀企业废气污染物一般没有特别排放限值要求。

3）其他浓度限值。环境影响评价批复要求、承诺更加严格的排放限值如有的应填写。

8. 大气污染物有组织排放表

1）污染物种类。排放口编号、排放口名称、污染物种类和排放口类型与前面表格关联。

2）许可排放浓度限值。申请许可排放浓度限值一般与"废气污染物排放执行标准表"中的排放浓度一致。有特殊许可排放浓度限值要求的，需申请。不需填写的地方填"/"。

3）年许可排放量限值。一般排放口不需申请年许可排放量限值，主要排放口的特定污染物需申请年许可排放量限值。特定污染物的种类由排污许可证申请与核发技术规范确定。

申请年许可排放量限值的应提供计算和取值过程，取值时应核实企业是否有总量分配计划，年许可排放量一般申请前三年。电镀企业的工艺废气一般不需申请年排放许可量，有锅炉的应注意核对《排污许可证申请与核发技术规范 锅炉》（HJ 953—2018）要求。有特殊时段年许可排放量限值要求的，需申请。不需填写的地方填"/"。

9. 大气污染物无组织排放表

大气污染物无组织排放信息应填写生产环节和厂界的无组织污染物种类、主要污染防治措施、国家或地方污染物排放标准、年许可排放量限值、特殊时段年许可排放量限值等，填写方法和要求可参考"废气污染物排放执行标准表"。电镀企业不要求大气污染物无组织排放申请年许可排放量限值。

10. 排污单位大气排放总许可量

本表与"大气污染物有组织排放表"和"大气污染物无组织排放表"关联，在全国排污许可证管理信息平台内可自动计算得到结果。

11. 废水直接排放口基本情况表

本表与"废水类别、污染物及污染治理设施信息表"关联，有废水直接排放口的排污单位应填写本表，应核实受纳自然水体的名称和功能目标是否正确。

12. 废水间接排放口基本情况表

本表与"废水类别、污染物及污染治理设施信息表"关联，有废水间接排放口的排污单位应填写本表，应核实是否填写了间歇排放时段，是否填写了受纳污水处理厂不同污染物执行的排放标准浓度限值。

13. 废水污染物排放执行标准表

1）本表填写要求和审核要点可参考"废气污染物排放执行标准表"，电镀企业的废水污染物在排放标准中一般有特别排放限值要求，应仔细核实所在区域执行的电镀水污染物排放标准和是否执行标准中的特别排放限值。

2）废水经预处理后排放到厂外工业废水集中处理设施的，除一类污染物外，其他污染物填写工业废水集中处理设施执行的排放标准名称和排放浓度限值，不能填写与工业废水集中处理设施的污水处理厂协商的纳管浓度限值。

14. 废水污染物排放

1）许可排放浓度。本表填写要求和审核要点可参考"大气污染物有组织排放表"。

2）年许可排放限值。单独排入城镇污水处理设施的生活污水排放口和雨水排放口，不申请许可排放浓度限值和年许可排放量；单独排放但不排入城镇污水处理设施的生活污水排放口和雨水排放口为一般排放口，只需申请许可排放浓度限值，不申请年许可排放量。

按照《排污许可证申请与核发技术规范 电镀工业》（HJ 855—2017），每个主要排放口的特定污染物需申请年排放许可量。设施或车间排放口需对总铬、六价铬、总镍、总镉、总银、总铅、总汞的申请许可排放量，总排放口需对总铜、总锌、化学需氧量、氨氮以及受纳水体环境质量超标且列入《电镀污染物排放标准》（GB 21900—2008）中的其他污染因子申请年许可排放量。对位于《"十三五"生态环境保护规划》及生态环境部正式发布的文件中规定的总磷、总氮总量控制区域内的电镀工业排污单位，还应分别申请总磷及总氮年许可排放量。

应仔细核对申请年许可排放量的主要排放口和污染物种类是否有遗漏,同种污染物在设施或车间排放口和总排口均有的,不需要重复申请。申请年许可排放量限值的应提供计算和取值过程,取值时应核实企业是否有总量分配计划,年许可排放量一般申请前三年。

15. 噪声排放信息

1)生产时段。生产时段应与"主要产品及产能信息表"的年生产时间相匹配。

2)执行排放标准名称。工业企业执行的噪声排放标准一般为《工业企业厂界环境噪声排放标准》(GB 12348—2008)。

3)厂界噪声排放限值。应核实执行类别和排放限值是否填写正确,执行多个类别的,建议在备注中说明。

16. 固体废物排放信息

1)固体废物类别。应正确区分固体废物类别,确保危险废物类别正确、生产量合理、去向明确。

2)委托利用、委托处置。委托其他单位利用和处置的,应填写被委托单位的信息,危险废物委托单位有资质的,需填写危险废物经营许可证编号。

17. 自行监测及记录信息表

1)排放口名称/监测点位名称。排放口编号/监测点位、排放口名称/监测点位名称等信息与前面表格关联。排放口名称/监测点位应选择齐全,关联信息未加载但需开展自行监测的应补充,关联信息有加载不需开展自行监测的部分应删除。电镀企业一般需监测废气有组织排放口污染物、厂界无组织排放污染物、废水排放口污染物等。

2)监测内容。本表所指的监测内容并非污染物种类,而是指在监测污染物时所需一并测定的物质参数,常见的有风速、风向、温度、湿度、空气流速、气压、烟气温度、烟气湿度、烟气流速、烟气压力、氧含量、流量等。其中有组织排放一般选择烟气量、烟气流速、烟气温度、烟气含湿量,无组织排放一般选择风速和风向,废水一般选择流量,生态环境管理部门有规定的从其规定。

3)污染物名称。污染物名称与前面表格关联。除前面表格填写的污染物外,按照《排污许可证申请与核发技术规范 电镀工业》(HJ 855—2017),废水排放口的"污染物名称"还需增加流量。

4)监测频次。监测频次需按照排污许可证申请与核发技术规范或排污单位自行监测技术指南仔细核对,应注意不同排污口类型、是否重点管理单位、是否重点区域、不同污染物(监测指标)等导致的监测频次不同。电镀企业对废气有组织排放的监测频次一般为1次/半年,厂界无组织排放一般为1次/年。电镀企业对废水监测频次要求较高,流量要求自动监测,pH值、化学需氧量、总铜、总锌、氰化物、总铬、六价铬、总镍、总镉、总银、总铅、总汞等为1次/日。其他污染物为1次/月,其中位于总磷、总氮超标区域流域和海域或重点控制区的,总磷、总氮监测频次为1次/日。

5)手工测定方法。手工测定方法应填写,选择的方法应是采用排放标准中确定的标准监测分析方法。

6)监测质量与记录要求。监测质量保证与质量控制要求和监测数据记录、整理、存档要求，不能空缺不填，可参考《排污单位自行监测技术指南 总则》（HJ 819—2017）、行业排污许可证申请与核发技术规范或行业排污单位自行监测技术指南填写。

18. 环境管理台账信息表

1）类别。一般需填写基本信息、监测记录信息、生产设施运行管理信息、污染防治设施运行管理信息、其他环境管理信息五类。

2）记录内容。指对应类别需要记录的环境管理内容，可参照《排污单位自行监测技术指南 总则》（HJ 819—2017）、行业排污许可证申请与核发技术规范或行业排污单位自行监测技术指南填写。

3）记录频次。指记录环境管理内容的频次，可参照《排污单位自行监测技术指南总则》（HJ 819—2017）、行业排污许可证申请与核发技术规范或行业排污单位自行监测技术指南填写。

4）记录形式。一般填写"电子台账＋纸质台账"或类似描述即可。

5）其他信息。一般填写"保存期限不低于三年"或类似描述即可。

19. 补充登记信息

排污单位有多个行业类别，且行业类别既有属于重点管理或简化管理、又有属于登记管理的，属于登记管理的部分应填入补充登记信息，其他信息应删除。

20. 有核发权的地方生态环境主管部门增加的管理内容（如需）

有的需增加，没有的不需填写。

21. 改正规定（如需）

有改正要求的，需填写改正问题、改正措施和时限要求，没有的不需填写。

22. 附图

1）工艺流程图。生产工艺流程图、污水处理工艺流程图应清晰，生产工艺流程图应包括主要电镀生产设施、主要原辅料的流向、电镀生产工艺流程等内容；污水处理工艺流程图应包括主要处理单元、主要处理构筑物、污水走向、污水管线布置、排放口和排放去向等内容。

2）生产厂区总平面布置图。应清晰、图例明确，包括主要生产线、厂房、生产设施、污染物处理设施等位置关系，注明厂区雨水、污水的收集走向、排放口位置等内容。

3）监测点位示意图。应清晰、图例明确，监测点位应与"自行监测及记录信息表"中的监测点位信息对应，并补充厂界噪声监测点位。

4）纳污范围。专门处理电镀废水的集中式污水处理厂还应提供纳污范围、纳污企业名单和纳污企业纳管废水量。

23. 锅炉申请信息

属于简化管理气体燃料锅炉排污单位的，应在"排污单位基本信息表"中选择简化管理气体燃料锅炉排污单位，并填写"实施简化管理的气体燃料锅炉排污单位申请信息"表，"主要产品及产能信息表"中不需再填写该锅炉信息。简化管理气体燃料锅炉指的是单台处理 10t/h（7MW）以下且合计出力 20t/h（14MW）以下的气体燃料锅炉。

项目 5

排污许可证后管理

导言：

重点管理和简化管理的排污单位按要求提交申报材料，经核发生态环境部门审核合格，即可领取排污许可证。获得排污许可证的排污单位，可按证合法排污。

如何做到按证排污呢？按照《排污许可管理办法（试行）》要求，一方面获得排污许可证的排污单位需要落实主体责任，做好自行监测、台账记录、执行报告编制、信息公开等工作，并对其真实性、完整性负责，依法接受生态环境主管部门的监督检查；另一方面生态环境主管部门需做好证后监管，制定执法计划，结合排污单位环境信用记录，确定执法监管重点和检查频次，检查重点为排污许可证规定的许可事项的实施情况，检查信息应记入全国排污许可证管理信息平台。生态环境部门还可以通过政府购买服务的方式，组织或者委托技术机构提供排污许可管理的技术支持。排污单位应妥善保存排污许可证，有信息变更的应申请变更，发生遗失、损毁的应申请补领，到期的应申请延续，不再使用的应申请注销等。

这里我们主要关注排污单位需开展的自行监测、台账记录、执行报告编制、信息公开等证后管理工作。自行监测是指排污单位需按照排污许可证所载明的"自行监测及记录信息"开展执行监测工作。台账记录是指排污单位需按照排污许可证所载明的"环境管理台账信息"进行台账记录。执行报告编制是指排污单位需将自行监测、污染物排放及落实各项环境管理要求等行为定期整理成报告。信息公开是指排污单位需按要求公开相应信息，其实重点管理排污单位在申领排污许可证前就需要开展申请前信息公开，此外排污单位还可以结合需求开展许可信息公开、限期整改信息公开、登记信息公开、遗失声明、撤销或注销公告等信息公开事项。

做好排污许可证申报和证后管理事项，且通过全国排污许可管理信息平台进行信息公开的，排污单位可由全国排污许可管理信息平台数据生成公开信息，方便快捷，项目2和项目4中也包含了部分信息公开的内容，因此这里不再进行单独训练，本项目主要介绍自行监测、管理台账记录、执行报告编写三部分内容。这三部分内容均需以报告形式定期在全国排污许可证管理信息平台提交。

任务 5.1　自行监测

任务目标

熟悉排污单位自行监测技术指南，掌握排污单位自行监测实施方法。

任务分析

按照排污许可证要求开展自行监测是排污单位必须要开展的事项之一，自行监测需按照自行监测技术指南或排污许可证申请与核发技术规范中的自行监测管理要求部分实施，排污许可证后管理技术人员需掌握按技术指南或技术规范实施自行监测的能力。

任务实施

通过对《排污单位自行监测技术指南 总则》（HJ 819—2017）的学习掌握自行监测技术指南的使用，重点掌握监测指标、监测频次、监测点位等内容。

在前面的知识学习和技能训练中，我们已接触了自行监测及记录信息表等有关内容，但其更多的是载明实施要求，对如何具体实施自行监测描述的不充分，这里还需要进一步学习和掌握。

排污许可管理中指导排污单位开展自行监测的文件主要是排污单位自行监测技术指南或排污许可证申请与核发技术规范中的自行监测管理要求部分，两者在内容和要求上共通。一般发布了排污单位自行监测技术指南的行业需参照该技术指南执行，没有发布排污单位自行监测技术指南的行业参照排污许可证申请与核发技术规范中的自行监测管理要求部分执行，两者皆无或不涉及的内容参照《排污单位自行监测技术指南 总则》（HJ 819—2017）执行。排污单位自行监测技术指南由总则和行业自行监测技术指南组成，如表5-1所示，其他行业的也在陆续发布。

表 5-1　已颁布实施的自行监测技术指南

序号	技术指南名称	编号
1	排污单位自行监测技术指南 总则	HJ 819—2017
2	排污单位自行监测技术指南 造纸工业	HJ 821—2017
3	排污单位自行监测技术指南 火力发电及锅炉	HJ 820—2017
4	排污单位自行监测技术指南 发酵类制药工业	HJ 882—2017
5	排污单位自行监测技术指南 化学合成类制药工业	HJ 883—2017
6	排污单位自行监测技术指南 提取类制药工业	HJ 881—2017

(续)

序号	技术指南名称	编号
7	排污单位自行监测技术指南 纺织印染工业	HJ 879—2017
8	排污单位自行监测技术指南 钢铁工业及炼焦化学工业	HJ 878—2017
9	排污单位自行监测技术指南 石油炼制工业	HJ 880—2017
10	排污单位自行监测技术指南 水泥工业	HJ 848—2017
11	排污单位自行监测技术指南 电镀工业	HJ 985—2018
12	排污单位自行监测技术指南 化肥工业—氮肥	HJ 948.1—2018
13	排污单位自行监测技术指南 农副食品加工业	HJ 986—2018
14	排污单位自行监测技术指南 农药制造工业	HJ 987—2018
15	排污单位自行监测技术指南 平板玻璃工业	HJ 988—2018
16	排污单位自行监测技术指南 石油化学工业	HJ 947—2018
17	排污单位自行监测技术指南 有色金属工业	HJ 989—2018
18	排污单位自行监测技术指南 制革及毛皮加工工业	HJ 946—2018
19	排污单位自行监测技术指南 磷肥、钾肥、复混肥料、有机肥料和微生物肥料	HJ 1088—2020
20	排污单位自行监测技术指南 酒、饮料制造	HJ 1085—2020
21	排污单位自行监测技术指南 食品制造	HJ 1084—2020
22	排污单位自行监测技术指南 水处理	HJ 1083—2020
23	排污单位自行监测技术指南 涂料油墨制造	HJ 1087—2020
24	排污单位自行监测技术指南 涂装	HJ 1086—2020
25	排污单位自行监测技术指南 无相化学工业	HJ 1138—2020

这里以《排污单位自行监测技术指南 总则》（HJ 819—2017）为例解读和使用排污单位自行监测技术指南。

1. 适用范围

《排污单位自行监测技术指南 总则》（HJ 819—2017）适用于指导排污单位在排污许可证申请和证后管理活动中的自行监测工作，适用于无行业自行监测技术指南的排污单位或行业自行监测技术指南中未规定的内容。排污单位可参照本标准在生产运行阶段对其排放的水、气污染物，噪声以及对其周边环境质量影响开展监测。

2. 主要内容

排污单位自行监测技术指南基本内容主要包括位自行监测的一般要求、监测方案制定、监测质量保证和质量控制、信息记录和报告的基本内容和要求等部分。

自行监测的一般要求主要包括制定监测方案、设置和维护监测设施、开展自行监测、做好监测质量保证与质量控制、记录保存和公开监测数据的基本要求。

监测方案制定，包括监测点位、监测指标、监测频次、监测技术、采样方法、监测分析方法的确定原则和方法。

监测质量保证与质量控制，包括从监测机构、人员、出具数据所需仪器设备、监测辅助设施和实验室环境、监测方法技术能力验证、监测活动质量控制与质量保证等方面的全过程质量控制。

信息记录和报告要求，包括监测信息记录、信息报告、应急报告、信息公开等内容。

3. 自行监测方案制定

在制定自行监测方案过程中，应查清所有污染源，确定主要污染源及主要监测指标，制定监测方案。监测方案内容包括：单位基本情况、监测点位及示意图、监测指标、执行标准及其限值、监测频次、采样和样品保存方法、监测分析方法和仪器、质量保证与质量控制等。

（1）单位基本情况

主要介绍建设单位的基本情况，如：单位名称、地址、行业类别、统一社会信用代码等信息，也可以引用排污许可证申请表"排污单位基本信息表"的相关信息。

（2）监测内容

确定监测指标时要求全面清查项目污染源和污染物排放类型，一般主要包括废气、废水和噪声监测三大类，部分行业还需对周边环境质量影响进行监测。

1）废气排放监测。

① 主要污染源和主要排放口。

符合以下条件的废气污染源为主要污染源：
a) 单台出力 14MW 或 20t/h 及以上的各种燃料的锅炉和燃气轮机组；
b) 重点行业的工业炉窑（水泥窑、炼焦炉、熔炼炉、焚烧炉、熔化炉、铁矿烧结炉、加热炉、热处理炉、石灰窑等）；
c) 化工类生产工序的反应设备（化学反应器/塔、蒸馏/蒸发/萃取设备等）；
d) 其他与上述所列相当的污染源。

符合以下条件的废气排放口为主要排放口：
a) 主要污染源的废气排放口；
b) "排污许可证申请与核发技术规范"确定的主要排放口；
c) 对于多个污染源共用一个排放口的，凡涉主要污染源的排放口均为主要排放口。

② 监测点位。

对于废气有组织排放：
a) 外排口监测点位：点位设置应满足 GB/T 16157、HJ 75 等技术规范的要求。净烟气与原烟气混合排放的，应在排气筒，或烟气汇合后的混合烟道上设置监测点位；净烟气直接排放的，应在净烟气烟道上设置监测点位，有旁路的旁路烟道也应设置监测点位。
b) 内部监测点位设置：当污染物排放标准中有污染物处理效果要求时，应在进入相应污染物处理设施单元的进出口设置监测点位。当环境管理文件有要求，或排污单位认为有必要的，可设置开展相应监测内容的内部监测点位。

对于废气无组织排放：
存在废气无组织排放源的，应设置无组织排放监测点位，具体要求按相关污染物排放标准及 HJ/T 55、HJ 733 等执行。

③ 监测指标。

各外排口监测点位的监测指标应至少包括排污许可证和环境影响评价文件及其批复规定的污染物指标，所执行的国家或地方污染物排放（控制）标准的污染物指标也需考虑。污染物中属于有毒有害物质或优先控制指标的也需纳入监测，内部监测点位的监测指标根据点位设置的目的确定。

对于主要排放口监测点位的监测指标，符合以下条件的为主要监测指标：

a）二氧化硫、氮氧化物、颗粒物（或烟尘/粉尘）、挥发性有机物中排放量较大的污染物指标；

b）能在环境或动植物体内积蓄对人类产生长远不良影响的有毒污染物指标（存在有毒有害或优先控制污染物相关名录的，以名录中的污染物指标为准）；

c）排污单位所在区域环境质量超标的污染物指标。内部监测点位的监测指标根据点位设置的主要目的确定。

④ 监测频次。

废气外排口监测点位最低监测频次参照表 5-2 执行。废气烟气参数和污染物浓度应同步监测。钢铁、水泥、焦化、石油加工、有色金属冶炼、采矿业等无组织废气排放较重的污染源，每季度至少开展一次监测；其他涉及无组织废气排放的污染源每年至少开展一次监测。

表 5-2　废气外排口监测点位最低监测频次

排污单位级别	主要排放口		其他排放口监测指标
	主要监测指标	其他监测指标	
重点排污单位	月–季度	半年–年	半年–年
非重点排污单位	半年–年	年	年

注：为最低监测频次的范围，在行业排污单位自行监测技术指南中依据此原则确定各监测指标的监测频次。

⑤ 监测技术与采用方法。

监测技术包括手工监测、自动监测两种。废气手工采样方法的选择参照相关污染物排放标准及 GB/T 16157—1996、HJ/T 397—2007 等执行。废气自动监测参照 HJ/T 75—2017、HJ/T 76—2017 执行。

2）废水排放监测。

① 监测点位。

外排口监测点位按照污染物排放标准规定的监控位置设置监测点位；内部监测点位按照当污染物排放标准中有污染物处理效果要求时，应在进入相应污染物处理设施单元的进出口设置监测点位。

② 监测指标。

符合以下条件的为各废水外排口监测点位的主要监测指标：

a）化学需氧量、五日生化需氧量、氨氮、总磷、总氮、悬浮物、石油类中排放量较大的污染物指标；

b）污染物排放标准中规定的监控位置为车间或生产设施废水排放口的污染物指标，以及有毒有害或优先控制污染物相关名录中的污染物指标；

c）排污单位所在流域环境质量超标的污染物指标。

③ 监测频次。

废水外排口监测点位最低监测频次参照表 5-3 执行。

表 5-3 废水外排口监测点位最低监测频次

排污单位级别	主要监测指标	其他监测指标
重点排污单位	日–月	季度–半年
非重点排污单位	季度	年

注：为最低监测频次的范围，在行业排污单位自行监测技术指南中依据此原则确定各监测指标的监测频次。

④ 监测技术与采用方法。

监测技术包括手工监测、自动监测两种。废水手工采样方法的选择参照相关污染物排放标准及 HJ 91.1—2019、HJ/T 92—2002、HJ 493—2009、HJ 494—2009、HJ 495—2009 等执行，根据监测指标的特点确定采样方法为混合采样方法或瞬时采样的方法，单次监测采样频次按相关污染物排放标准和 HJ 91.1—2019 执行。污水自动监测采样方法参照 HJ/T 353—2019、HJ/T 354—2019、HJ/T 355—2019、HJ/T 356—2019 执行。

3）厂界环境噪声监测。

① 监测点位。

厂界环境噪声的监测点位一般选在排污单位厂界外 1m、高度 1.2m 以上，距任意反射面距离不小于 1m 的位置，监测点位有其他规定的也需纳入考虑，具体可按 GB 12348—2008 执行。

噪声布点应遵循以下原则：
a）根据厂内主要噪声源距厂界位置布点；
b）根据厂界周围敏感目标布点；
c）"厂中厂"是否需要监测根据内部和外围排污单位协商确定；
d）面临海洋、大江、大河的厂界原则上不布点；
e）厂界紧邻交通干线不布点；
f）厂界紧邻另一排污单位的，在临近另一排污单位侧是否布点由排污单位协商确定。

② 监测频次。

厂界环境噪声每季度至少开展一次监测，夜间生产的要监测夜间噪声。

4）周边环境质量影响监测。

① 监测点位。

排污单位厂界周边的土壤、地表水、地下水、大气等环境质量影响监测点位参照排污单位环境影响评价文件及其批复及其他环境管理要求设置。

如环境影响评价文件及其批复及其他文件中均未作出要求，排污单位需要开展周边环境质量影响监测的，环境质量影响监测点位设置的原则和方法参照 HJ 2.1、HJ 2.2、HJ/T 2.3、HJ 2.4、HJ 610 等规定。各类环境影响监测点位设置按照 HJ/T 91、HJ/T 164、HJ 442、HJ/T 194、HJ/T 166 等执行。

② 监测指标。

周边环境质量影响监测点位监测指标参照排污单位环境影响评价文件及其批复等管理文件的要求执行，或根据排放的污染物对环境的影响确定。

③ 监测频次。

若环境影响评价文件及其批复等管理文件有明确要求的，排污单位周边环境质量监测频次按照要求执行。否则，涉水重点排污单位地表水每年丰、平、枯水期至少各监测一次，涉气重点排污单位空气质量每半年至少监测一次，涉重金属、难降解类有机污染物等重点排污单位土壤、地下水每年至少监测一次。发生突发环境事故对周边环境质量造成明显影响的，或周边环境质量相关污染物超标的，应适当增加监测频次。

5）监测方案变更。

当排污单位的污染源、生产工艺、处理设施、执行的排放标准、排放口位置、监测点位、监测指标、监测频次、监测技术任一项内容发生变化时，应变更监测方案。

4. 监测质量保证和质量控制的基本要求

对于自主开展自行监测的企业，应建立完善的质量管理体系，配备与监测内容相适应的机构、人员、仪器设备、设施和环境、试剂耗材、技术能力和质控措施。

委托第三方开展监测活动，或者自动监测系统委托第三方运维的，不强制要求建立质量管理体系，但必须对受委托的机构资质和能力进行确认，确保其具备完善的质量管理体系，满足协助开展自行监测的要求。

5. 监测信息记录和报告

对于手工监测的，应有采样记录信息、样品保存和交接信息、样品分析记录信息、质控记录信息等。

对于自动监测的，应有自动运维记录，包括自动监测系统运行状况、系统辅助设备运行状况、系统校准、校验工作等；仪器说明书及相关标准规范中规定的其他检查项目：校准、维护保养、维修记录等。

记录监测信息时，生产和污染治理设施运行状况、固体废物（危险废物）产生与处理状况也应同步记录，形成台账备查。

排污单位应编写自行监测年度报告，年度报告至少应包含以下内容：
(1) 监测方案的调整变化情况及变更原因；
(2) 排污单位及各主要生产设施（至少涵盖废气主要污染源相关生产设施）全年运行天数，各监测点、各监测指标全年监测次数、超标情况、浓度分布情况；
(3) 按要求开展的周边环境质量影响状况监测结果；
(4) 自行监测开展的其他情况说明；
(5) 排污单位实现达标排放所采取的主要措施。

排污单位监测数据超标的或发生突发事件的，应立即采取措施，及时向管理部门报告，查找原因，消除影响，提交超标或突发事件分析报告。

排污单位需做好信息公开和监测管理。排污单位自行监测信息公开内容及方式按照《企业事业单位环境信息公开办法》（环境保护部令第31号）及《国家重点监控企业自行监测及信息公开办法（试行）》（环发〔2013〕81号）执行。非重点排污单位的信息公开要求由地方生态环境主管部门确定。

任务 5.2　环境管理台账记录

任务目标

熟悉排污单位环境管理台账相关规范，掌握排污单位环境管理台账记录方法。

任务分析

按照排污许可证要求进行环境管理台账记录是排污单位必须要开展的事项之一，环境管理台账需按照排污单位环境管理台账及排污许可证执行报告技术规范或排污许可证申请与核发技术规范中的环境管理台账要求部分编制，排污许可证后管理技术人员需掌握按技术规范进行环境管理台账记录的能力。

任务实施

通过对《排污单位环境管理台账及排污许可证执行报告技术规范 总则（试行）》（HJ 944—2018）环境管理台账部分的学习，掌握环境管理台账记录能力，重点掌握环境管理台账的记录内容和记录频次。

环境管理台账是排污单位记录日常环境管理信息的载体，是排污单位在排污许可管理过程中自证守法的主要原始依据，排污企业应对台账记录的真实性、准确性和完整性负责。目前，环境管理台账主要参照《排污单位环境管理台账及排污许可证执行报告技术规范 总则（试行）》（HJ 944—2018）编制，有行业排污许可证申请与核发技术规范的可参照该技术规范的环境管理台账要求部分编制。环境管理台账记录分为电子台账和纸质台账两种形式，保存期限一般不得少于三年。

在编制环境管理台账时，应当根据排污单位生产特点和污染物排放特点重点记录与污染物排放有关的内容，一般可分为五个部分，包括：基本信息、生产设施运行管理信息、污染防治设施运行管理信息、监测记录信息和其他环境管理信息。

1. 基本信息

1）记录内容：排污单位生产设施基本信息和污染防治设施基本信息等。生产设施基本信息和污染防治设施基本信息为主要技术参数及设计值。对于防渗漏、防泄漏等污染防治措施，还应记录落实情况及问题整改情况等。排污单位基本信息的记录表格可参照《排污单位环境管理台账及排污许可证执行报告技术规范 总则（试行）》（HJ 944—2018）"表 A.1"。

2）记录频次：对于未发生变化的基本信息，按年记录，1 次/年；对于发生变化的基本信息，在发生变化时记录 1 次。

2. 生产设施运行管理信息

1）记录内容：包括主体工程、公用工程、辅助工程、储运工程等单元的生产设施运行管理信息。

① 正常工况：运行状态、生产负荷、主要产品产量、原辅料及燃料、其他等。运行状态：是否正常运行，主要参数名称及数值。生产负荷：主要产品产量与设计生产能力之比。主要产品产量：名称、产量。原辅料：名称、用量、硫元素占比、有毒有害物质及成分占比（如有）。燃料：名称、用量、硫元素占比、热值等。其他：用电量等。排污单位生产设施正常工况和燃料信息的记录表格可参照《排污单位环境管理台账及排污许可证执行报告技术规范 总则（试行）》（HJ 944—2018）"表 A.2"和"表 A.3"。

② 非正常工况：起止时间、产品产量、原辅料及燃料消耗量、事件原因、应对措施、是否报告等。对于无实际产品、燃料消耗、非正常工况的辅助工程及储运工程的相关生产设施，仅记录正常工况下的运行状态和生产负荷信息。

2）记录频次：正常工况下，运行状态、生产负荷、产品产量等，按日记录，1 次/日；原辅料、燃料按照采购批次记录，1 次/批。非正常工况下，按照工况期记录，1 次/工况期。

3. 污染防治设施运行管理信息

1）记录内容：包括污染防治设施正常情况运行情况和主要药剂添加情况，以及异常情况信息等。

① 正常情况：运行情况、主要药剂添加情况等。运行情况：是否正常运行；治理效率、副产物产生量等。主要药剂（吸附剂）添加情况：添加（更换）时间、添加量等。涉及 DCS（分散控制系统）系统的，还应记录 DCS 曲线图。DCS 曲线图应按不同污染物分别记录，至少包括烟气量、污染物进出口浓度等。排污单位废气污染防治设施基本信息与运行管理信息和废水污染防治设施运行管理信息的记录表格可参照《排污单位环境管理台账及排污许可证执行报告技术规范 总则（试行）》（HJ 944—2018）"表 A.4"和"表 A.5"。

② 异常情况：起止时间、污染物排放浓度、异常原因、应对措施、是否报告等。排污单位防治设施异常情况信息的记录表格可参照《排污单位环境管理台账及排污许可证执行报告技术规范 总则（试行）》（HJ 944—2018）"表 A.6"。

2）记录频次：在正常情况下，运行情况按日记录，1 次/日；主要药剂添加情况按日或批次记录，1 次/日或批次；DCS 曲线图按月记录，1 次/月。非正常工况下，按照工况期记录，1 次/工况期。

4. 监测记录信息

参照任务 5.1 的自行监测部分执行。排污单位有组织废气（手工/在线监测）污染物监测原始结果、无组织废气污染物监测原始结果、废水监测仪器信息和废水污染物监测结果的记录表格可参照《排污单位环境管理台账及排污许可证执行报告技术规范 总则（试行）》（HJ 944—2018）"表 A.7""表 A.8""表 A.9"和"表 A.10"。

5. 其他环境管理信息

1）记录内容：废气无组织污染防治措施管理维护信息，包括管理维护时间及主要内容等；特殊时段环境管理信息：具体管理要求及其执行情况；其他信息，包括法律法规、标准规范确定的其他信息，企业自主记录的环境管理信息。

2）记录频次：废气无组织污染防治措施管理维护信息，按日记录，1 次/日；对于停产或错峰生产的，原则上仅对停产或错峰生产的起止日期各记录 1 次。

任务 5.3　执行报告编写

任务目标

熟悉排污单位执行报告相关规范，掌握排污单位执行报告编写方法。

任务分析

按照排污许可证要求进行执行报告编写是排污单位必须要开展的事项之一，执行报告需按照排污单位环境管理台账及排污许可证执行报告技术规范或排污许可证申请与核发技术规范中的排污许可证执行报告编制要求部分编制，排污许可证后管理技术人员需掌握按技术规范进行执行报告编制的能力。

任务实施

通过对《排污单位环境管理台账及排污许可证执行报告技术规范 总则（试行）》（HJ 944—2018）执行报告部分的学习，掌握执行报告编写能力，重点掌握执行报告的编制内容。

按照《排污许可管理办法（试行）》和《排污许可管理条例》要求，排污单位在领取排污许可证后需按时提交执行报告。执行报告指排污单位根据排污许可证和相关规范的规定，对自行监测、污染物排放及落实各项环境管理要求等行为的定期报告，包括电子报告和书面报告两种。

执行报告可按照《排污单位环境管理台账及排污许可证执行报告技术规范 总则（试行）》（HJ 944—2018）进行编制，有行业排污许可证申请与核发技术规范的可参照该技术规范的排污许可证执行报告编制要求部分编制。

1. 执行报告编制周期

执行报告按报告周期分为年度执行报告、季度执行报告和月度执行报告，排污单位按照排污许可证规定的时间提交执行报告，应每年提交一次排污许可证年度执行报告；同时，还应依据法律法规、标准等文件的要求，提交季度执行报告或月度执行报告。实施简化管理的排污单位，一般需提交年度执行报告和季度执行报告。

对于持证时间超过三个月的年度，报告周期为当年全年（自然年）；对于持证时间不足三个月的年度，当年可不提交年度执行报告，排污许可证执行情况纳入下一年度执行报告；对于持证时间超过十日的月份，报告周期为当月全月（自然月）；对于持证时间不足十日的月份，该报告周期内可不提交月度执行报告，排污许可证执行情况纳入下一月度执行报告。

2. 执行报告编制流程

排污许可证年度执行报告编制的工作流程可分为四个阶段，包括资料收集与分析、编制、质量控制、提交。

> 第一阶段（资料收集与分析阶段）：收集排污许可证及申请材料、历史排污许可证执行报告、环境管理台账等相关资料，全面梳理排污单位在报告周期内的执行情况。
>
> 第二阶段（编制阶段）：针对排污许可证执行情况，汇总梳理依证排污的依据，分析违证排污的情形及原因，提出整改计划，在全国排污许可证管理信息平台填报相关内容。
>
> 第三阶段（质量控制阶段）：开展报告质量审核，确保执行报告内容真实、有效，并经排污单位技术负责人签字确认。
>
> 第四阶段（提交阶段）：排污单位在全国排污许可证管理信息平台提交电子版执行报告，同时向有排污许可证核发权的环境保护主管部门提交通过平台印制的经排污单位法定代表人或实际负责人签字并加盖公章的书面执行报告。电子版执行报告与书面执行报告应保持一致。

3. 执行报告编制内容

排污许可证年度执行报告的编写内容如下：

1）排污单位基本情况，包括排污单位基本信息、排污许可证执行情况、生产运行情况、原辅材料及燃料消耗情况、生产流程及产排污节点情况、排放口规范化、需说明的其他情况。

2）污染防治设施运行情况，包括污染防治设施变化情况、运行情况、维护情况、异常情况。

3）自行监测执行情况，包括排污单位自行监测方案及变化情况、自动监控系统运行情况、手工监测执行情况、周边环境质量监测情况。

4）环境管理台账，包括环境管理台账要求、环境管理台账执行情况。

5）实际排放情况及合规判定，包括污染物排放浓度及达标情况、实际排放量及达标情况、特殊时段排放情况、非正常排放情况。

6）信息公开，包括信息公开情况、信息公开执行情况。

7）排污单位环境管理体系建设与运行情况。

8）其他排污许可证规定的内容执行情况。

9）其他需要说明的问题。

10）结论及附图、附件。

季度和月度执行报告可参照年度执行报告内容编写。从年度执行报告内容上可以看出，做好自行监测和环境管理台账记录是编写执行报告的关键，自行监测和环境管理台账记录内容和数据涵盖了执行报告绝大部分内容。

参 考 文 献

[1] 王军霞，赵银慧，张震，等．排污许可证实施的监督管理体系研究［M］．北京：中国环境出版社，2019．

[2] 陈业强，徐欣颖．排污许可证申请实践与问题解析——以湖南省为例［M］．北京：中国环境出版社，2018．

[3] 中华人民共和国生态环境部．排污许可管理办法（试行）：部令第48号［A/OL］．（2018-1-10）［2020-12-1］．http：//www.gov.cn/gongbao/content/2018/content_ 5288829.htm．

[4] 中华人民共和国生态环境部．固定污染源排污许可分类管理名录（2019年版）：部令第11号［A/OL］．（2019-12-20）［2020-12-1］．http：//www.gov.cn/gongbao/content/2020/content_ 5492499.htm．

[5] 中国人民共和国国家质量监督检验检疫总局，中国国家标准化管理委员会．国民经济行业分类：GB/T 4754—2017［S］．北京：中国标准出版社，2017．

[6] 中华人民共和国环境保护部．排污许可证申请与核发技术规范 总则：HJ 942—2018［S］．北京：中国环境科学出版社，2018．

[7] 中华人民共和国生态环境部．排污许可证申请与核发技术规范 家具制造工业：HJ 1027—2019［S］．北京：中国环境出版集团，2019．

[8] 中华人民共和国环境保护部．排污许可证申请与核发技术规范 电镀工业：HJ 855—2017［S］．北京：中国环境科学出版社，2017．

[9] 中华人民共和国环境保护部．排污单位自行监测技术指南 总则：HJ 819—2017［S］．北京：中国环境科学出版社，2017．

[10] 中华人民共和国生态环境部．排污单位环境管理台账及排污许可证执行报告技术规范 总则（试行）：HJ 944—2018［S］．北京：中国环境科学出版社，2018．

[11] 中华人民共和国住房和城乡建设部，中国人民共和国国家质量监督检验检疫总局．工程结构设计基本术语标准：GB/T 50083—2014［S］．北京：中国建筑工业出版社，2014．